U0522200

流程即组织力
华为高效增长的业务管理逻辑

杨勇 —— 著

浙江大学出版社
·杭州·

图书在版编目（CIP）数据

流程即组织力：华为高效增长的业务管理逻辑 / 杨勇著. -- 杭州：浙江大学出版社，2024.6
ISBN 978-7-308-24765-8

Ⅰ.①流… Ⅱ.①杨… Ⅲ.①通信企业－企业管理－研究－深圳 Ⅳ.①F632.765.3

中国国家版本馆CIP数据核字(2024)第063365号

流程即组织力：华为高效增长的业务管理逻辑
杨　勇　著

选题策划	蓝狮子文化创意股份有限公司
责任编辑	张　婷
责任校对	陈　欣
封面设计	袁　园
出版发行	浙江大学出版社
	（杭州市天目山路148号　邮政编码　310007）
	（网址：http://www.zjupress.com）
排　　版	杭州林智广告有限公司
印　　刷	杭州钱江彩色印务有限公司
开　　本	880mm×1230mm　1/32
印　　张	8.25
字　　数	189千
版 印 次	2024年6月第1版　2024年6月第1次印刷
书　　号	ISBN 978-7-308-24765-8
定　　价	65.00元

版权所有　翻印必究　　印装差错　负责调换

浙江大学出版社市场运营中心联系方式：0571-88925591；http://zjdxcbs.tmall.com

推荐序一

卓越的流程体系是企业组织能力的主要载体

华为公司创始人任正非曾说:"产品发展的路标是客户需求导向,企业管理的目标是流程化的组织建设。"企业的本质是为客户创造价值,产品(包括广义的产品、服务与解决方案)就是价值的载体。企业如何持续、高效地创造价值?这就需要企业的组织能力,而组织能力的主要载体就是业务流程体系。

企业的发展可分为 0 到 1、1 到 N、N 到转型与持续发展这样几个阶段。0 到 1 即企业的创立阶段,主要靠的是企业家及企业家精神;1 到 N 则需要建立有规模的企业组织,即有共同的目标、分工协作的团队。当企业规模越来越大,分工变细、部门增多、层级变厚时，如果没有高效、协同的价值创造与协同机制，就会出现业务活动混乱、协作越来越复杂的现象，从而产生"部门墙"。员工工作活动的水平高低不一、工作精力也有相当部分被内部扯皮消耗，从而不能一致对外（面向客户创造价值），严重影响企业价值创造的结果与效率，制约企业的发展。很多企业就因此发展到了瓶颈，不能实现更大的突破。如何解决这一问题？关键就在于企业这个阶段要建立基于优秀经验、最佳实践的业务流程体系。

业务流程是什么？流程的本质就是业务。企业员工每天做的是什么？就是业务活动。业务活动由一个个步骤组成，需要多个角色的协同配合，因此就必然有效果差异、速度快慢、成本高低、协同好坏之分，所谓业务流程就是将最佳的业务活动序列及操作方法标准化、专业化、IT化和数字化，实现价值创造的高效、可执行、可复制，并形成角色之间的协同机制，如此，就解决了企业组织全体成员不能协同一致面向客户创造价值的问题，从而支撑企业，使其更好发展。以业务流程为载体，结合组织、人才、文化等要素，就形成了支撑企业长期生存与发展的组织能力。

有人会认为，业务流程规范化了，会不会影响工作效率和灵活性？这是对流程的最大误解。

首先，业务流程就是最佳业务活动的固化，本身就能提高效率；其次，卓越的业务流程体系会区分确定性、不确定性以及不同的场景，如华为的流程理念"主干清晰、末端灵活"，就是充分考虑场景的灵活性来构建的流程；最后，流程本身永远不是完美的。优秀的企业文化、人才和组织会弥补流程的不足，形成既规范、专业又灵活的价值创造体系，流程就是基础，没有优秀的流程，其他要素就发挥不出其最佳效力。

关于业务流程的书已经很多了，我认为本书的独特性就在于它很好地体现了以上所说的业务流程的本质。本书作者有多年华为工作经验，亲身经历和实践了华为流程与业务变革的复杂过程，具有很丰富的流程规划、设计、推行经验，在离开华为后又作为咨询顾问，将经验应用于不同行业、不同规模的多家企业，从而有了更普适的视角。本书对业务流程的定位、规划、建设、推行、运营、优化做了完整的介绍并辅以案例，对流程的本质、方法、工具做了体系化的阐释，我相信对广大企业的流程和组织能力建设具有很强的参考、学习意义。

邢宪杰　华为公司前副总裁、变革项目管理办公室主任

推荐序二

流程体系：企业的骨架，效率和质量的统一，是企业持续改进和卓越运营的基石

在这个充满挑战与机遇的时代，企业要想稳健发展，必须建立起一套高效、灵活、可持续的管理体系。今天，我非常荣幸能够为这本《流程即组织力：华为高效增长的业务管理逻辑》写下我的推荐序言。在这本书中，作者杨勇先生以丰富的实践经验和精辟的理论分析，为我们展示了如何构建一个高效、灵活、可持续的企业流程管理体系。

"道生一，一生二，二生三，三生万物。"《道德经》中的这句话，深刻地揭示了万事万物发展的规律，也为我们的企业流程管理提供

了企业经营哲学的启示。流程体系的建设，正是从"道"即核心理念出发，生发出战略和执行层面的"一"和"二"，进而衍生出各个业务场景与操作流程的"三"，最终形成覆盖企业全局的"万物"。

在企业的运营管理过程中，流程体系的重要性不言而喻。它就像是企业的血脉和神经网络，将战略意图转化为具体的行动，确保每一步都能精准地为企业的发展目标服务。正如本书所强调的："流程是战略的执行者。"没有良好的流程体系，再好的战略也只能是纸上谈兵。

以华为公司为例，这家企业能够在国际风云变幻的大环境中屹立不倒，其流程体系的强大作用无疑是其硬实力的重要体现。华为之所以能够"长期战略发展、穿越经济周期"，在于它不仅建立了具有生命周期管理的流程体系，还在深入学习的基础上，结合自身的实际情况，走出了一条"遵循标杆流程之神，发扬自有流程之路"的道路。在有效建设企业运营与管理体系后，才可能达到《道德经》所说的"无为而治"，通过不断自我完善和适应，形成一套既符合国际标准又具有自身特色的管理体系。

在变革实践中，企业管理者往往希望能够快速复制一套成功企业的流程体系，然而，正如本书所述，这种"照搬模式"往往是行不通的。每个企业都有其独特的战略、思想文化、资源和市场定位，简单的复制是无法适应企业自身土壤的。正如《道德经》所说："知人者智，自知者明。"企业只有深刻理解自身的特点和需求，依托成功的流程管理实践，遵循"架构稳定、末端灵活"的原则，才能建立起真正适合自身业务特点的流程体系。也如《道德经》中的"以道观之，物无贵贱"，每个企业都应该根据自身的特点，找到最适合自己的管理之道。

流程体系的建设是一个系统工程，需要从流程定位、规划、建设、推行、运营到优化的每一个环节都做到位。本书通过详细的分析和丰富的案例，为我们提供了一套完整的流程管理方法论。这不仅仅是一本关于华为流程管理的成功实践阐释之书，更是一本能够指导企业构建自己流程体系的实战宝典。

　　在这个快速变化的时代，企业要想保持竞争力，就必须建立起一套能够适应变化、持续创新的流程体系。《流程即组织力：华为高效增长的业务管理逻辑》正是这样一本能够帮助企业实现这一目标的书。感谢作者杨勇先生将这些宝贵的经验和智慧凝结成书，相信这本书将成为众多企业家和管理者的案头必备之作。我相信，通过本书的指导，每一位企业管理者都能够在自己的企业中找到那条通往成功的"道"。

　　最后，愿每一位追求卓越的企业家，都能在流程管理的道路上，不断前行，不断超越。

范厚华　深圳传世智慧科技有限公司创始人、总裁
华为公司前海外片区副总裁

推荐语

华为最值得业界学习的一点是：华为如何构建流程型组织。流程是企业拥抱新质生产力、推进数字化转型的底座，但很多管理者把流程等同于管控和合规，从而导致流程沦为复杂的代名词，这是对流程的巨大误解。杨勇先生用严谨的逻辑和简洁的语言，还原了流程的本质——流程即组织力，持续赋能企业成长既要有效率又要有效果，把今天少数优秀员工90分的做法固化成为明天大多数员工60分的要求，从而拉动企业能力的中线值持续上升。这本书深入浅出，值得中国企业管理者集体研读学习。

邓斌　华为公司原中国区规划咨询总监
《华为管理之道》《华为数字化转型》作者

流程是产品和服务所走过路径的显化，也是价值创造诸要素在业务活动中所贡献价值在特定规则下有秩序的流动。本书既是在梳理流程，也是在梳理业务，写实了流程如何有效承载价值创造的活动。

胡赛雄　华为公司前后备干部系主任

从 98 年华为天价引入 IBM 的 IPD 流程开始，中国企业的流程化变革就成为一种主流，不提流程好像就不是现代管理，但真正把流程落到实处的企业，却还是少之又少，为什么呢？我曾经作为流程组组长之一参与了华为全球人力资源变革 HRT，深深体会到流程管理的精妙和价值，它就如同企业架构师一般，通过蜘蛛网的镜面设计，打通企业经营管理的"任督二脉"，使其实现高速有效的流转，直接支撑企业百亿、千亿的扩张增长。华为前流程专家杨勇老师的处女作《流程即组织力：华为高效增长的业务管理逻辑》，就给人一种抽丝剥茧、细致入微、庞大而精巧的感觉，全书以 50 多个案例来阐述流程建设的九大要素、八大误区，结合杨老师多年实践经验，给了广大流程工作者们一本可以信赖的工具书。少走弯路，创造价值，这是杨勇这本书的出发点，我想更是流程管理的价值所在吧！

冉涛　深圳百森咨询创始人，《华为灰度管理法》作者

管理的起源可以追溯到远古时代，从人类在生产狩猎活动中统

筹安排资源开始。但管理真正成为学术概念，距今仅百余年。在人类社会飞速发展、经营活动错综复杂的今天，如何通过管理来提升运营效能，是众多企业经营管理者夜以继日追寻的目标。向标杆企业华为学习，无疑是一种捷径。

我在与很多管理者沟通时，常听到"管理标准化，标准制度化，制度流程化"的提法。我也听到管理者的诸多困惑："我已建设了流程，但企业运营业绩为何不及预期？""公司一再优化流程，为何业务效率反而降低？"实际上，要解决管理者们心中的困惑，首先要解决一个问题——什么样的流程才是正确的流程？

杨勇先生基于自身在华为多年的学习和实践，结合企业流程管理变革落地的实战经验，创作了《流程即组织力：华为高效增长的业务管理逻辑》。本书从企业流程变革管理的典型问题出发，从流程定位、流程规划、流程建设、流程推行、流程运营和流程优化等流程全生命周期六大维度展开，结合企业案例和分析，为读者剖析了：什么样的流程才是符合企业自身的流程，驱动企业业务发展的流程是什么样的，应该如何规划建设和运营管理的方法。此外，本书还提供了诸多系统化建设流程的方法，如："一梳三分"规划法、"四阶十二步法"设计法等。

本书语言精练、案例丰富、图文并茂、深入浅出，读来受益匪浅。对于正处在"管理变革困局"的读者来说，具有非常大的借鉴和参考意义，值得研读。

贾凤华　中铁二局集团财务部副部长

学习华为的流程变革，如果只是一味照搬，大多只能以失败告终。企业在优化业务流程的过程中，知道"为什么"远比知道"是什么"更重要。流程建设本质上是企业资源的建设。

吴晓波　财经作家，890新商学、蓝狮子出版创始人

序言

循标杆流程之神,走自有流程之路

自 2019 年 5 月 15 日,美国商务部宣布将华为列入"实体清单"以来,华为顶住了美国实施的四轮打压。重压之下,华为仍然顽强地生长,持续高速发展。华为的厚积薄发,得益于持续 20 多年的管理变革。管理变革为其积累了雄厚的硬实力,即使"大雪压青松",仍然"青松挺且直"。诚然,美国的打压是一把双刃剑,在限制华为发展的同时,又把华为的实力呈现给全世界。

此后,各行各业掀起了一波又一波向华为学习的浪潮。很多企业从华为的发展中看到了管理的力量,看到了管理构筑的核心竞争力,纷纷开展向华为学习管理经验的变革。

其中，一部分企业希望通过照搬华为管理法，来构建自身的管理体系，但经过多次尝试后，均以失败告终。这些企业的做法，本质上是追求照搬使用，没有探求标杆企业的成功管理是"为什么"，背后的成功密码"是什么"。这不禁让我们想到一个问题——为什么这些企业在照搬学习上趋之若鹜？是因为好奇，想看看华为是怎么做的？还是因为看到了华为1998年削足适履地穿上"美国鞋"，认为自己也能一样成功地穿一双"华为鞋"？无论基于何种初衷，不顾及自身与标杆之间的差距，完全照搬移植的学习方式，都是流程建设和其他管理建设上的大谬之法。1998年，华为学习IBM的IPD（Integrated Product Development，集成产品开发）流程体系时，任正非先生用了"削足适履"这个词来形容华为向IBM学习的决心。但"削足适履"常被部分企业理解为"完全照搬"，这其实大错特错。这两家企业在产品类型、企业发展、行业属性上有相似之处。"削足适履"的背后，是华为虔诚地向IBM学习的态度，是200多名IBM咨询顾问根据华为公司现状，将IBM的成功经验总结落地于华为土壤的管理实践；是华为由外而内地循标杆流程之神，走自有流程之路的变革成果。

在华为总裁任正非先生看来，人才、资金、技术都不是华为生死攸关的问题，这些都是可以引进来的，而管理和服务却不可照搬引进，只有依靠全体员工共同努力去学习先进的管理与服务理论，并与自身的实践紧密结合起来，才能形成有效的服务与管理体系，并畅行于全公司、全流程。

在流程建设上，也须如此。企业要想从标杆企业取得真经，必须以学习成功实践的经验和方法为目标，再与企业自身实际相结合，才能构建企业自身流程的最佳实践。在流程建设上，只想追求"简单快捷""立竿见影"的"照搬模式",必然导致"水土不服",最终只能以失败收场。

我在给企业做流程培训和咨询的过程中,常遇到企业家提出这样的需求:"请问杨老师,可不可以把华为公司的流程给我们,我们照着做就行了。"遇到这样的情况,我通常会问企业一个问题:"请问贵企业与华为相比,在人力和资源上有什么差别?"当我抛出这个问题后,很多企业家都会放弃最初的想法。当然,即使有标杆企业的流程,我也无法提供给任何企业,毕竟这是原则问题。

实际上,想通过照搬标杆企业流程来建设自身流程的企业还真不少。照搬其他企业的流程成果,通常被他们认为是一种省时、省力、省成本的"捷径"。但这种"捷径",往往只是看上去美好。对于大多数企业来说,这是一条永远也无法落地的"捷径",原因有如下几个方面:

第一,流程建设不仅仅是流程,本质上是企业资源的建设。

无论是企业文化意识、管理思想、经营规模、企业文化,还是人力数量,每个企业都不一样。也就是说,企业的土壤不一样。到底是自己种树,还是直接移植?一定要根据企业自身土壤来,否则必然出现"南橘北枳"的后果。实际上,水土不服,远比成长缓慢更加严重。这好比,你的脚和别人的脚尺寸不一样,但你非要穿一双和别人一样的鞋,结果不合脚,不但脚痛,还走不了路。

第二,流程建设最重要的是过程,而不是结果。

虽然我们看到华为在流程建设等管理变革上取得了举世瞩目的成果,但是,华为如今的厚积薄发,都是在 20 多年长期坚持变革的过程中成长的结果。流程能力、组织能力、IT 能力、内控能力、变革能力等诸多能力无一不是变革过程的产物,并非一蹴而就的产物。

实际上，企业要想不经过变革过程，直接照搬标杆企业的经验，从而获得成果的做法，只能是一种奢望，如镜中月、水中花，虚幻不可得。在流程变革之路上，唯有日拱一卒，方可终获成功。

第三，学习要学到"神"，而非"形"。

我认为，在向标杆企业学习流程建设和优化的变革过程中，知道"为什么"，远比知道"是什么"更重要。知道"为什么"才能明辨流程变革的方向，才能知晓要到哪里，借鉴哪些方法，怎么变。企业要把流程建设成"神"似标杆，而非"形"似标杆，才是把握标杆学习的精髓。学标杆流程法，与自身特点融合，以不变应万变，才能在企业发展的不同阶段，建立适合企业自身的流程体系。

像华为一样建成"以客户为中心，以生存为底线的无生命体管理的系统"，非一日之功。道阻且长，行则将至。我常跟企业接触，发现一部分企业将标杆流程法在自身企业中不断实践，通过5年、10年的坚持，逐步形成了符合企业自身特点、不断赋能业绩增长的流程运营体系。这些流程建设成功的企业，是在标杆学习中"悟其神，得其法"的典范。

2019年，我准备将自己在流程变革管理的学习和实践，总结成书。但因琐事缠身，终未如愿。2023年初，在多位企业家朋友的鼓励和出版社编辑老师的支持下，我终于提起了笔，把15年来在流程上的研究总结、建设实践和管理经验，提炼成这本书——《流程即组织力：华为高效增长的业务管理逻辑》，以供读者参考。

本书从流程定位、流程规划、流程建设、流程推行、流程运营和流程优化6个维度来详细阐述流程管理法，如图0-1所示。

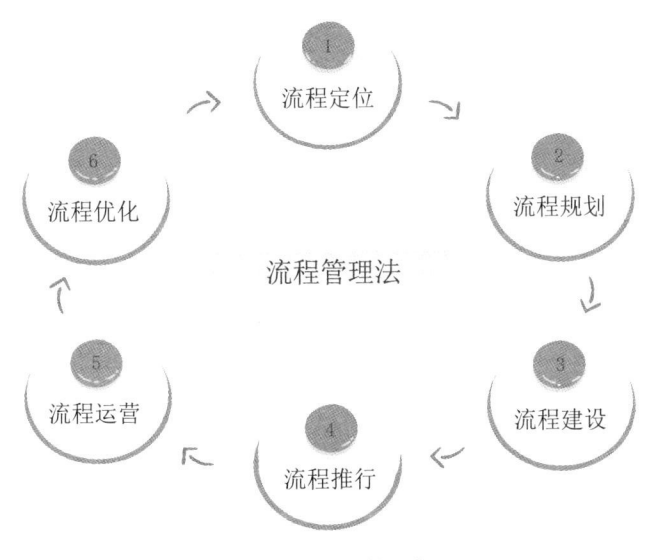

图 0-1 流程管理法

通过 6 章 22 节的内容，用 79 张图、24 张表及 50 个案例向读者展示系统化的流程管理法，帮助企业管理者解决三大问题：企业为什么要建设流程？企业应该用什么方法建设流程？企业如何打造流程核心竞争力、塑造持续创造价值的良性资产？

第一，从定位开始，厘清流程定位，才能淋漓尽致地发挥流程价值。

第二，做好顶层设计，规划"主干稳定，末端灵活"的流程架构。

第三，用"四阶十二步法"，建设可落地的流程。

第四，没有推行就没有执行，推行是流程有效运营的前提。

第五，流程运营重在授权、监管和创造绩效。

第六，持续优化流程，增加土地肥力，多产粮食。

本书结合企业流程实践，围绕以上 6 点展开论述，为企业打造

"以客户为中心，以生存为底线的无生命体管理体系"提供了一种参考方法。

需要特别说明的是，书中包含我在华为工作时与华为流程亲身接触的收获、在中小企业运营管理中开展流程建设的总结，以及在数百家企业开展管理咨询培训和咨询的实践经验萃取。书中有关华为的内容，是我 15 年来近距离观察和研究华为的理解与总结，并不代表华为，只是我理解的华为。一千个读者心中有一千个华为，所谓"仁者见仁，智者见智"，如有不妥之处，敬请包涵。

杨　勇

2023 年 9 月 2 日于成都

目录

01 流程定位：以客户为中心，聚焦价值创造

流程能力，是企业的价值创造能力 / 003
认识流程是用好流程的第一步 / 005
流程是战略的"执行者" / 013
业务执行的三驾马车 / 020
流程必备的九大要素 / 028
流程认识的八大典型误区 / 042

02 流程规划：主干稳定，末端灵活

流程规划的四大触发机制 / 057
流程规划的目标与原则 / 069
"一梳三分"的端到端流程架构 / 081

03 流程建设：对准客户价值链建设业务流程

明确需求：对准客户，倒过来梳理流程需求 / 099
梳理业务：沿着价值创造的路径梳理业务 / 105
设计流程：以终为始，六步法设计流程 / 113
发布流程：流程建设的最后一道关卡 / 133

04 流程推行："大军挺进，大浪淘沙"

推行的核心就是改变人 / 143
推行的步骤和方法（大军挺进） / 145
调整组织，适配流程 / 165

05 流程运营："深淘滩，低作堰"，让流程高速行驶

像高铁一样高速安全行驶 / 173
流程绩效管理，让流程充满活力 / 187
持续运营，逐步走向成熟 / 196

06 流程优化：增加土地肥力，多产粮食

对准客户，找准优化时机 / 201
识别差距，优化流程 / 209
持续优化，增加土地肥力 / 229

参考文献 / 234

后 记 / 236

第一章
流程定位：以客户为中心，聚焦价值创造

华为将流程视为管理体系的核心，建立以客户为中心、以生存为底线的"无生命"（无生命即不依赖人）价值创造体系，是一种"以确定的规则来对抗结果不确定性"的机制。

如果企业把流程放在错误的管理要素上，那么流程不但不能为业务增值，反而拖企业的"后腿"。只有清晰把握流程的定位，才能用好流程，发挥流程的价值。那我们要如何识别流程的价值洼地，赋能和增值业务？华为对流程的价值定位，值得企业借鉴。

流程能力,是企业的价值创造能力

被美国《商业周刊》誉为"20世纪90年代四位最杰出的管理思想家之一"的流程管理大师——迈克尔·哈默博士提出著名的企业管理四问,其中第二问是:企业用什么为客户创造价值?

迈克尔·哈默博士的答案,不是产品和服务,而是业务流程,是创造、交付产品和服务背后的各种业务流程。迈克尔·哈默博士在其著作《企业再造》中认为:"**没有正确、高效的流程,企业底层执行战略的运作机制荡然无存,企业就无法创造正确的产品和服务,企业经营战略就是空中楼阁。**"

华为总裁任正非先生也曾有这样的表述:"不能靠人来领导公司,要用规则的确定性来应对结果的不确定性。"所谓"规则的确定性"就是用流程、制度和机制等非生命体管理要素,来建设一个不依赖人、无为而治的价值创造体系。

在华为以客户为中心的价值创造体系中,通过流程承接战略,将客户与绩效紧密联系起来,以流程为主线,构建从客户到客户(端到端)的闭环系统,实现企业持续为顾客创造价值,持续创造企业经营绩效。如图1-1所示。

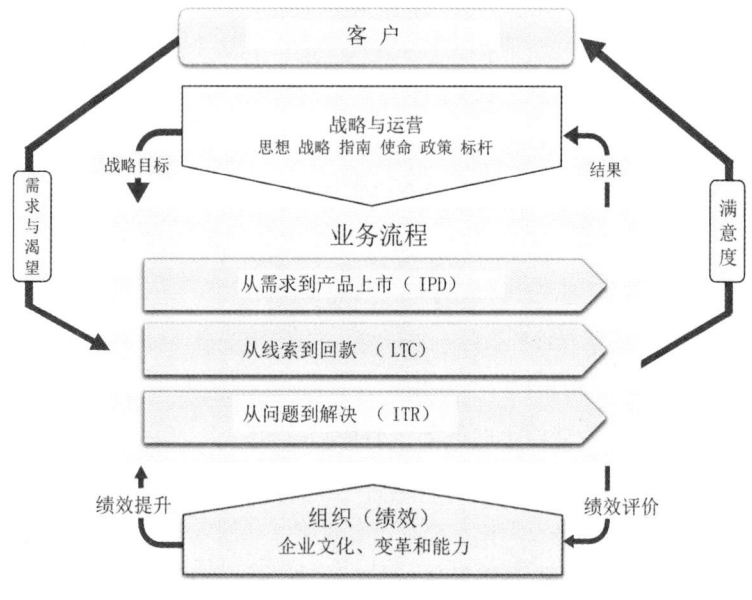

```
          ┌──────────────────────┐
          │        客 户          │
          └──────────────────────┘
              ┌──────────────┐
              │  战略与运营   │
   战略目标   │思想 战略 指南  │   结果
              │使命 政策 标杆  │
              └──────────────┘
              ┌──────────────┐
需              │   业务流程    │              满
求              ├──────────────┤              意
与              │从需求到产品上市(IPD)│        度
渴              ├──────────────┤
望              │从线索到回款 (LTC) │
                ├──────────────┤
                │从问题到解决 (ITR) │
                └──────────────┘
   绩效提升   ┌──────────────┐   绩效评价
              │  组织（绩效） │
              │企业文化、变革和能力│
              └──────────────┘
```

图 1-1　以客户为中心的价值创造体系

如图 1-1 的价值创造体系中，战略处于企业由内而外的选择，是企业使命下的战略方向选择及战略目标规划，决定企业价值创造运营体系的方向和目标。华为认为，为客户服务是公司存在的唯一理由，是一切工作的出发点与归宿。

企业通过什么方式为客户提供服务？这是一个无法规避的问题。从价值创造体系中不难看出，企业通过处于加工运作核心地位的业务流程来实现为客户服务。如 IPD（Integrated Product Development，集成产品开发）流程、LTC（Lead To Cash，从线索到回款）流程、ITR（Issue To Resolve，从问题到解决）流程等。这些核心业务流程就是企业为客户创造价值的业务路径。企业通过核心业务流程的运作，帮助客户解决问题，为客户创造了价值，既实现业务增值，业务增值又为企业创造了经营业绩的增长，整个过程诠释了流程创造价值的路径。

流程的重要地位不言而喻，看似简单，实则复杂。价值创造体系包含了企业经营管理的诸多要素，流程与其他管理要素互相交融，相互影响、共同促进。不可只见流程，不见其他，否则，只会走入"只见树木不见森林"的困局。

认识流程是用好流程的第一步

企业要想驾驭流程，要用流程赋能业务，架构基于流程体系的运营管理系统，首先必须认识和理解流程。和知识转化一样，如果不能理解，就无法应用，更谈不上驾驭。所以认识和理解流程，是企业架构流程体系的基础。

什么是业务流程

要搞清楚业务流程之前，首先要厘清两个概念——业务和流程。

业务一词，在《现代汉语词典》中的解释是"个人的或某个机构的专业工作"。在企业，业务主要指企业开展的商业活动。比如，销售产品、提供服务、提供技术等。

流程，原本是指水流的路程，后来衍生为一项事物的发展顺序或推进过程，由一系列具有先后顺序的活动构成。比如，大米的加工流程、汽车制造的流程等。

在辅导企业流程建设的过程中，我常用自来水公司来比喻业务和流程之间的关系。自来水公司的业务是为客户提供安全洁净的自来水。那需要采用什么方式，才能保证把洁净的自来水快捷、安全地提供给客户呢？自来水公司采用了一个简单而富有智慧的办法——通过自来水管道来运送水，安全、快捷，又不需要人。实际上，自来水公司通过"自来水管道"，把自来水公司的产品（"水"）供给用户使用，实现了"水"（产品）的增值。自来水公司利用自来水管道，实现了企业业务的自动运转。

显然，在自来水公司的经营模式中，自来水管道是流程，为用户提供自来水是业务。把业务（为客户提供自来水）装进流程（自来水管道），流程自动为自来水公司创造价值。**流程和业务融合在一起，是一表一里的有机整体，业务是流程之"神"，流程是业务之"形"，业务身处其中，流程表征其外，二者不可分割。**

流程也称为业务流程，泛指企业为实现业务经营目标的活动集的统称。在业务流程的定义上，有很多管理大师给出了自己的解释。

托马斯·H.达文波特：业务流程是一系列结构化的可测量的活动集合，并为特定的市场或特定的顾客产生特定的输出。

A.L.斯切尔：业务流程是在特定时间产生特定输出的一系列客户、供应商关系。

H.J.约翰逊：业务流程是把输入转化为输出的一系列相关活动的结合，它增加输入的价值，并创造出对接受者更为有效的输出。

管理大师迈克尔·哈默对流程的定义被普遍认同，堪称经典。他把业务流程定义为：把一个或多个输入转化为对顾客有价值的输出的活动，如图1-2所示。

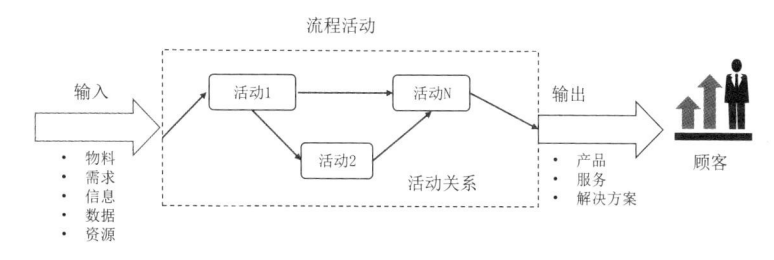

图 1-2 迈克尔·哈默对业务流程的定义

华为践行迈克尔·哈默对流程的经典定义，在实践的基础上形成自己的理解。**华为认为，流程是为了实现客户价值和企业业务目标，所形成的一套规范业务运作的规则和机制，是企业经营业务的最佳经验的总结；也是在有限的资源下，端到端为客户创造价值的最佳经验总结**。这种理解有三个关键点。

第一，流程即业务。流程承载业务，业务沿着流程的路径运行，本质上流程是业务的管道，流程应反映业务的本质。在华为，LTC（Lead To Cash，从线索到回款）流程就是把产品卖出去的业务，IPD 流程就是把产品做出来的业务，ITR（Issue To Resolve，从问题到解决）流程就是把客户的问题解决的业务。

第二，流程路径最佳。条条大路通罗马，总有一条是最短的，众多流程中也总有一条是最好的。然而，流程路径的最好不能简单理解为最短，而是最优。最优的流程集合了快速、高效、低成本等因素。换言之，最佳经验总结的流程，是为客户提供及时、准确、优质和低成本服务的路径，是最优路径，而非最短路径。比如，企业做产品的流程很快，但是最终成本很高，没有利润。这样的流程，虽路径最短，但成本过高，所以不能称为最佳流程。

第三，资源最佳匹配。流程，不仅包含路径的选择，也包含支撑流程运转的组织和资源。流程所指的最佳经验总结，代表着流程运行所需的组织和资源的最优匹配。也就是说，企业要在有限的资源下，合理适配组织及资源、发挥组织及资源的最大价值，在为客户创造价值的同时，也要给企业带来合理的收益，这才是流程牵引下的资源最佳匹配。

什么是端到端

迈克尔·哈默除了对流程给出经典定义之外，还提出了流程"端到端"为客户创造价值的理念。华为流程，同样非常重视端到端，体现客户—企业—客户的闭环，即从客户端接收客户需求，经过企业流程运作输出，提供满足客户端需求的产品或服务，如图1-3所示。

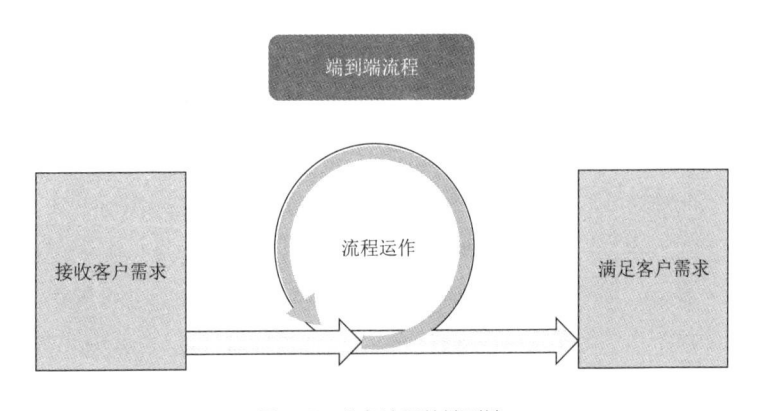

图1-3 业务流程的端到端

端到端流程是指从客户需求端出发，到满足客户需求端结束，为客户提供端到端服务。在华为总裁任正非先生看来，这个端到端必须非常快捷，非常有效，中间没有水库，没有三峡，流程很顺畅。如果这么快的服务降低了人工成本，降低了财务成本，降低了管理成本，也就是降低了运营成本。且无论经过多少中间过程，端到端流程的入口和出口都必须是客户。唯有这样，才能形成从客户到客户的端到端闭环。

以华为的IPD流程为例，如图1-4所示，IPD流程是从市场客户需求，到满足客户需求的产品商品化上市的端到端；由需求管理流程、任务书开发流程、产品/服务/解决方案开发及生命周期管理流程、技术/平台开发流程集成。

```
                战略规划    年度商业计划
                              ↓
  客          需求管理        任务书    产品/服务/解决方案开发      客
  户    ←→   （市场信息） →  开发   → 及生命周期管理         ←→  户
                                          ↑
                                      技术/平台开发
```

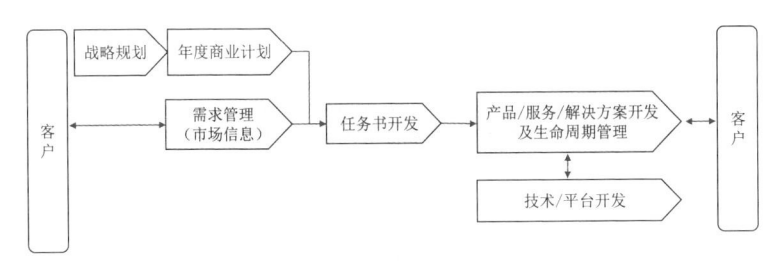

图1-4　IPD端到端逻辑示意图

但很多企业的流程不是端到端，而是"段到段"。比如，销售流程只卖产品，不收集客户需求；产品研发流程只负责产品研发，不识别产品是否满足市场需求；生产流程只负责生产，不管产品卖不卖得出去。此类流程缺少从客户界面的端到端，只是段到段。段到段没有从企业客户界面对准客户，只对准企业内部职能，带来的结果往往是惊吓。比如，不符合客户需求、客户退货、产品重大缺陷、质量事故和意外返工等。

端到端是从客户界面出发的全局思维，段到段是从内部职能出发的局部思维。企业只有跨出内部，对准客户，才能建设基于客户界面的端到端流程体系，更好地满足客户需求，实现与客户的共赢。

什么是流程管理

企业要想为客户提供满意的产品和服务,给企业带来收益,必须掌握流程管理,才能发挥流程的最大价值。什么是流程管理?**流程管理是以规范化地构造端到端的卓越业务流程为中心,把知识、技术、工具和技能,用于持续提高组织业务绩效的系统化方法。**

流程管理覆盖流程全生命周期,包括流程规划、流程建设、流程运营、流程推行和持续的流程优化。企业只有建立系统化的流程运营体系,才能实现企业可持续的价值创造。

系统化的流程运营体系正如人体的血液循环系统一样。血液通过血管时刻循环运转,不断为人体输送营养、水分和氧气。在正常的情况下,我们感知不到血液循环的存在,因为这是一种自然流露的状态,不需要任何人为干预,身体就可以保持健康状态。反之,一旦人体血液循环异常,我们就要采取治疗措施来修复异常、恢复健康,使之趋于平稳状态。流程管理同样是一种持续维护的过程,目的是保持流程体系的正常、稳定和安全运转。

在任正非先生看来,推动公司前进的最主要因素是机制和流程。华为要逐步摆脱对资金的依赖、对技术的依赖、对人才的依赖,使企业从必然王国走向自由王国,建立比较合理的管理机制。潜心推行 IPD、CRM(Customer Relationship Management,客户关系管理)、ISC(Integrated Supply Chain,集成供应链)、IFS(Integrated Financial Service,集成财经服务),就是要使企业摆脱对个人的依赖,走向科学管理,建设好一个大平台,使资金、技术和人才发挥最大的潜能。

实际上,流程管理终极目标是要建立一个自动运转的企业经营体系。

什么是流程再造

在流程管理中,当企业发现原有的流程不适合业务现状,不能支撑未来的业务发展,不能给企业业务带来赋能和增值时,企业需要摒弃旧有的流程体系,开展流程再造。

迈克尔·哈默基于丰富的企业流程再造实践和理论分析,提出了流程再造的概念:流程再造就是从根本上重新思考流程,重新设计业务流程,以便在诸如成本、质量、服务和速度等关键性现代衡量指标上实现大幅度的提升。迈克尔·哈默提出流程再造的四个关键词:流程、根本性、彻底性和显著性。

第一,流程。

迈克尔·哈默认为,流程是流程再造的过程中最重要的词,但,这也是让大多数企业管理者最为难的词,因为他们通常站在客户视角,以结果为导向,只专注结果,而不关注流程的运行过程,也就是不关注流程。

当然,关注结果没错。因为,对于客户来说,如果流程最终的输出和交付的产品不能满足客户需求,客户是不会管企业交付产品的中间过程出了什么问题,是什么原因导致产品不能及时、准确交付的,客户只关心企业为之提供的结果。

然而,没有准确的过程,怎会有美好的结果?作为企业的管理者,必须保障过程的准确,至少要为执行过程的准确、及时和高质量输出提供保障机制。这个保障机制就是流程,优秀的流程保障中间过程的准确执行。

第二,根本性。

要开展流程再造,必须从根本上思考:我们为什么要流程再造,必须做出什么改变?企业只有从根本上考虑,才能抛开原有的业务流程规则和假设限制，才能从根本上建立解决问题的流程。

比如，某企业在建设流程时，提出了一个假设：我们如何才能加强对小额费用支出（如办公文具用品支出）的管控？其实，在大多数情况下办公文具用品支出的监管成本远远比坏账要大得多，加强管控小额费用支出的流程建设必要性远远低于主营业务。

事实上，基于"加强小额费用支出管控"的假设偏离了业务的主航道。如果企业没有从业务的根本性出发，而是基于一个错误的假设来建设流程，最终流程建设必然误入歧途，从而导致此流程无法从根本上解决企业遇到的问题。

第三，彻底性。

流程再造，是指流程的重建。不是在原有流程基础上的优化，而是抛弃原有流程、组织结构带来的影响，创造全新流程的过程。华为公司1998年师从IBM，重新构建产品研发的IPD流程体系时，就是一次流程的再造与重建。当时，华为流程建设分为发起、关注、发明和推广四个阶段，其中发明就是流程的再造和重建。

第四，显著性。

流程再造，是一种革命性的流程建设。一方面，不是追求流程小幅度的优化改进，而是原有流程的推翻重构；另一方面，不是追求流程在原有基础上的小幅提升，不是追求诸如10%的效率提升，或10%的成本降低，而是取得更显著的效果和收益。

1993年IBM总裁郭士纳对IBM开展的流程再造，获得了将原有采购订单的处理时间从1个月缩短到1天的效果，将原有的单独采购率从30%下降到了2%；同时，把原有签订合同需要的时间从原有6—12个月，缩短到1个月。这些流程变革不是流程优化，而是流程再造。

事实上，没有从根本上进行彻底的改造，就无法取得显著的收益。流程再造成功给企业带来凤凰涅槃后的新生。但值得注意的是，流程再造获得成功的企业占比非常低。根据迈克尔·哈默和詹姆斯·钱皮近10年的企业再造研究，大部分企业都以失败告终，企业流程再造成功率不足30%。究其根本，企业对流程的价值理解不够深刻，未从根本上深入流程再造，只是形而上地追求立竿见影的效果，忽视流程再造过程对组织的成长价值，最终导致流程再造失败。

然而，即使在流程再造和流程重建上困难重重，也无法阻挡像IBM、福特、西门子、华为、海尔等诸多企业对流程再造和重建的追求。显然，从他们流程再造的成功上来看，他们在流程建设上的投资回报是巨大的。

流程是战略的"执行者"

企业要想在流程建设上"少走弯路"，就得搞清楚流程与战略的关系。任何企业都在战略目标的指引下，通过对战略的落地执行，达成企业的经营目标。如果流程管理和建设不能对标企业战略，那么流程建设不仅毫无意义，而且还会浪费企业资源。只有对准企业战略的流程建设才能发挥正向作用，赋能业务，为企业创造价值。

个人认为，**华为在战略和流程上的定位极为经典——战略就是做正确的事，流程是正确地做事。换言之，战略是选择要做的事，流程是正确执行战略。**选择很重要，但执行也很重要，如果选对没有做对，再正确的选择也没有意义。如何解决选对了做不对的情况？华为采用结构化的流程体系来保障业务按照战略的方向执行，为客户创造价值，使业务增值，为企业创造经营绩效，如图1-5所示。

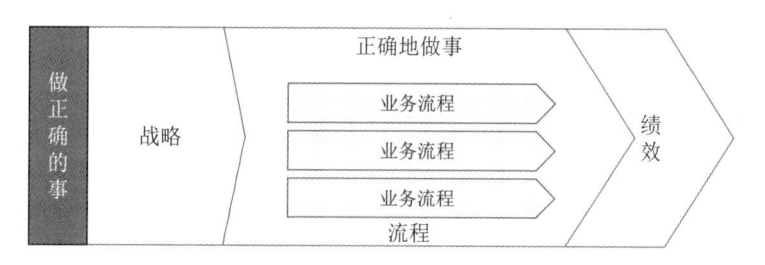

图1-5 战略与流程的关系

战略：做正确的事

做正确的事情，关键在于是否能够做出正确的选择。对于企业而言，做出正确的选择就是企业的战略。什么是战略？竞争战略之父迈克尔·波特对战略给出的定义颇为经典：战略就是定位、取舍和匹配，如图1-6所示。

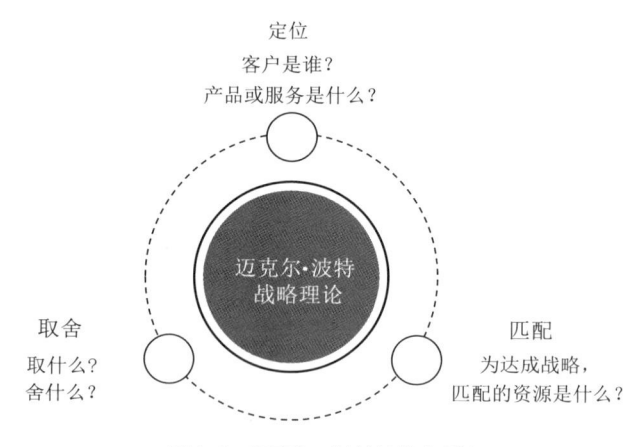

图1-6 迈克尔·波特的战略理论

战略定位，即确定企业的客户、产品或服务的定位。

战略定位的首要是定位客户，客户是谁，企业为客户提供的产品和服务是什么。比如，华为聚焦 ICT（Information Communications Technology，信息通信技术）管道战略，为客户提供"云、管、边、端"产品（云计算和云存储、接入网产品、终端产品、边缘计算产品）、服务和解决方案；华为终端定位于以用户为中心，以产品为核心，打造全场景智慧化生活体验；海思定位于面向智能终端、家电、汽车电子等行业提供板级芯片和模组解决方案；华为云定位于提供稳定、可靠、安全可信、持续创新的云服务等。战略定位，为企业发展树立了前进方向。

战略取舍，即有所为，有所不为。

企业要在"做什么"和"不做什么"上做出取舍。

2009 年华为移动宽带终端连续保持了全球第一的市场地位，出货 3500 万部。手机产品发货超过 3000 万部，其中 CDMA 手机全球市场份额第三，中国市场份额第二，华为为包括日本、美国和西欧在内的 70 多个国家和地区提供定制机服务。2011 年，华为砍掉大量的定制机型，聚焦智能手机，在智能手机领域推出了 Mate 和 P 两大系列产品，获得市场和消费者的青睐。华为 2019 年的年报显示，其终端营收为 4673.04 亿元，占华为整体营收的 54.4%。

如今，华为手机成为高端手机的代名词，有人曾开玩笑说："曾经看不起，如今买不起。"战略上的"舍"，成就了经营上的"得"，这就是战略定位准确的力量。

战略匹配，即战略定位之后，企业匹配战略资源。

无论是战略定位，还是战略取舍，都是为了企业经营业务的聚焦。企业也只有聚焦业务，才能最大限度地发挥企业的力量。对于企业而言，资源都是有限的，只有聚集有限的资源，在同一个点上发力，才能有所突破。

华为的针尖战略就是战略聚焦。2016年华为总裁任正非先生在接受新华社记者采访时说,华为坚定不移,28年只对准通信领域这个"城墙口"冲锋,几十人的时候如此进攻,现在十几万人还是对着这个"城墙口"冲锋。这就是华为密集型炮火、饱和攻击的战略聚焦。

华为基于业务领导力模型(Business Leadership Model,BLM)总结出"五看三定"法,[①]用于战略制定,以选择做正确的事。在华为看来,战略就是能力与目标的匹配,是人才与资源的聚焦,不在非战略机会点上浪费资源,只对准一个"城墙口"冲锋,"力出一孔,利出一孔"是华为的战略纲领。

聚焦在哪里,定位就在哪里,资源也就投入哪里。战略只有与企业资源相匹配,才能保证战略"做得到"。反之,企业如果选择错误,所有投入的资源或将付诸东流,必将给企业带来灾难。

流程:正确做事

没有执行,再好的战略都等于零。企业也只有通过执行,才能验证战略的优劣。当战略确定时,接力棒就自然交给了业务执行部门。

华为通过一系列流程来执行战略,即在公司战略指引下,在公司范围内推行以客户为中心,基于流程的运营管理体系来达成业务目标,支撑公司的可持续发展。华为把准确执行战略的过程,通俗地称为正确做事,提倡一次性把事情做好。**在华为,一次性把事情做好的核心逻辑就是流程。**

把正确战略下规划的产品做出来的流程——IPD流程;

---

① "五看三定",即先进行战略洞察,看行业/趋势、看市场/客户、看竞争、看自己、看机会,再制定战略,定控制点、定目标、定策略。

正确地把客户需要的产品卖给客户的流程——LTC 流程；

正确地把客户的问题解决掉的流程——ITR 流程。

大多数华为人一提到正确做事，大家就会想到流程，因为流程融入了正确做事的方法和经验。一个团队只有在经验沉淀总结的流程基础上做事，才能把事做正确，这些正确做事的方法都总结在流程里。那么，正确地做事，需要几个步骤呢？

第一，明确目标。

正确做事，首先须明确"事"的目标。

从经营角度看，企业通过战略管理流程管理公司战略。战略管理流程包括：战略制定、战略解码、战略执行与监控、战略评估四个阶段。

战略规划从洞察市场趋势开始，发现战略机会点；年度业务计划与预算，解码战略，适配资源，确保短期计划的资源配给；执行与监控闭环确保"做得到"，重在以结果为导向，执行落地；业绩与管理体系评估在于闭环总结，总结经验，反思问题，持续改进战略与资源管理体系。

从战略执行角度来看，企业通过立项流程，明确执行的目标。比如，销售项目立项流程明确销售目标、研发项目立项流程明确研发目标、交付项目立项流程明确交付目标。

第二，制订计划。

企业要想正确做事，要谋定而后动。一场没有筹划的战役，成功的机会只能靠大。

在华为人看来，有计划地做事，远比马上开始做事更重要，计划是开展工作的准绳，也是协调和同步资源的基准。通常一个项目开始之前要开开工会(华为通用叫法)，开工会意味着项目启动，各个团队要开始制订详细的工作计划。

工作计划又分为主计划和支撑计划。主计划明确了整个项目的里程碑节点。支撑计划明确各职能线的支持时间点：各职能组织什么时间介入，什么时间实施，什么时间与主计划集成，等等。一个准确的计划，不仅是整个业务或项目目标的灯塔，还牵引人力和资源随之而动，化被动为主动。所以，称之为准绳毫不为过。

计划是保障"正确地做事"的首要条件，计划中的里程碑和关键时间节点，被固定在流程的不同阶段和控制点上，与业务相关的资源，通过流程来执行和监控计划。

第三，阶段性检查。

正确做事要关注过程的正确性。没有过程的正确，就没有结果的正确。

业务在流程的管道中运行，根据业务流程的总结，把业务划分为不同的阶段，不同的阶段对应不同的阶段结果输出。通过阶段性的业务或技术决策评审点，来保障阶段性交付的正确性。

比如，在LTC中设置了立项决策、投标决策、签约决策、合同变更决策、合同关闭决策等业务决策评审点，同时还包括投标评审、合同评审、合同或PO（Purchase Order，采购订单）变更评审等技术评审点；IPD流程中设置了CDCP（Concept Decision Check Point，概念决策评审）、PDCP（Plan Decision Check Point，计划决策评审）、ADCP（Available Decision Check Point，可获得性评审）、LDCP（Life Decision Check Point，生命周期决策评审）等四个决策评审点，TR1-TR6（含TR4A）七个TR（Technology Review，技术评审点）。

第四，成果集成。

正确做事不仅要关注过程，还须以结果为导向，流程的效能就

是要保障过程和结果。

由于业务的复杂性，大多数企业业务都要先通过不同的分支业务流程执行，再将各个流程执行结果集成，从而获取最终成果。在华为，几乎所有端到端流程都是流程的集成。在 IPD 流程中，一部手机的研发设计，外观、结构、屏幕、摄像头、电路板、驱动软件、应用软件、系统软件等，都是在各个流程中分别设计的。当流程运行到流程的集成点时，各个部件就集成了一款可以使用的手机。

因此，**正确做事，并非独自完成工作就算正确，各部分独立完成之后还要确保能够"组装"成一个整体，不能"组装"在一起，不能为最终的结果集成的流程都是失败的流程。**只有以整体结果为导向，快速、高质量、低成本地达成业务成果，流程才算正确，这关乎业务的成功。

第五，总结复盘。

企业不能认为正确的流程是固化、静止不变的流程。随着企业运营能力的提升，正确做事的标准将不断被刷新。只有总结、复盘，企业流程才能不断地紧贴业务，赋能业务。这好比孩子还是婴儿时，只能穿婴儿的衣服；孩子一天天长大，我们要发现孩子身体的成长需要，及时给孩子更换更合身的衣服，发现和更换衣服的过程是我们观察总结后做出的调整和升级措施。

在华为，每一个业务或项目在完成后，都要开展业务或项目的总结会。总结会主要把业务或项目开展的全过程进行总结和复盘，总结执行的过程和成果，复盘经验和失败教训，并形成成功和失败的案例。通过案例评审流程的案例，则应被录入案例库，供其他业务或项目组学习。华为把案例输出作为个人绩效和晋升的一个重要条件，目的就是鼓励员工分享经验，促进组织运作能力的提升。

总结复盘作为"正确做事"的最后一步，在流程中的表现通常为业务或项目的收尾环节。总结复盘是为了更好地保障正确做事，提升正确做事的标准，并将这些规范和标准融入、固化到流程，提升流程正确做事的能力。

综上，战略与流程是紧密相连：战略选择决定业务模式，业务模式决定业务流程。即战略做正确的事，流程正确做事，战略负责选择，流程负责执行。

业务执行的三驾马车

企业经营是一个系统工程。企业想要正确执行战略，以达成企业的经营目标，业务就必须成功。然而，仅把业务装进流程的管道，业务就能自动被正确执行，业务就成功了？显然不现实，流程要运行还必须有组织保障；流程要跑得快，也需要有 IT 系统的加持。好比一车货物运达目的地就是业务，汽车行驶的路就是流程。如果只是把汽车放在路上，没有驾驶员（领导者）来驾驶；没有人（保障组织）为汽车加油或充电；当汽车出现故障时，也没有人来维修，装满货物的汽车永远也无法把货物运达目的地。也就是说，缺少了人的组织，流程也无法运行。另外，如果汽车行驶的道路是乡间小道（流程），就要耗费很长时间；如果汽车一路在高速公路上行驶，就能很快把货物送达。乡间小道就是流程，高速公路就是流程的 IT 化。

流程与组织的关系

我们知道，要想企业的业务按照流程规划的路径开展，必须有人的参与，流程离不开组织。反过来，组织按照什么样的方式开展业务，也需要流程，流程是做事的规则。尤其是在端到端的流程中，需要不同专业的组织按照流程的协作方式，共同努力才能完成业务目标。因此，流程和组织关系紧密，相互交融，不可分割，如图1-7所示。

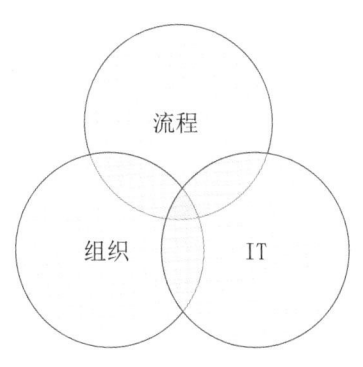

图1-7　业务执行的三驾马车

第一，流程需要组织才能运转。

组织与流程二者不可分割，是企业经营的有机整体。高阶流程业务逻辑层流程与组织的关系，表现为通过组织运作流程，发挥流程价值，如表1-1所示。

表1-1　IPD 流程与组织对应关系

流　程	组　织
需求管理流程	RMT（Requirement Management Team，需求管理团队）
任务书开发流程	PMT（Portfolio Management Team，组合管理团队）
新产品开发流程	PDT（Product Development Team，产品开发团队）
生命周期管理流程	LMT（Lifetime Management Team，生命周期管理团队）
技术开发流程	TDT（Technology Development Team，技术开发团队）

在流程执行层面，即低阶流程（活动层流程）中，流程通过流

程角色运作流程,以发挥流程的价值创造过程在具体流程活动的执行层面,我们不能直接看到流程的组织,我们能看到的只有显性的流程角色,流程角色与岗位对应,岗位又身处组织。所以流程通过流程角色、岗位与组织对应,如表1-2所示。

表1-2 流程通过流程角色与组织对应

流程	角色	岗位	组织
流程活动001	角色1	岗位A1	组织A
流程活动002	角色2	岗位A1	组织A
流程活动003	角色3	岗位B1	组织B
流程活动004	角色4	岗位B2	组织B
流程活动005	角色5	岗位C1	组织C

第二,流程是组织的做事规则。

流程的本质是业务,即业务通过流程的管道创造价值。在华为看来,这是一条最佳经验总结的管道,是最优业务运作模式。在这种业务模式下,组织可获得最大化的投入产出比。

首先,通过流程明确对应组织和团队的能力。即什么业务需要什么能力的团队和组织,简单来说,就是要做什么样的事,需要什么样的人。

其次,流程把不同的组织协同起来。通过端到端的流程,打破组织的"部门墙",实现从客户到客户的贯通。

最后,流程提升组织整体业绩。利用流程这一最佳经验总结做事,只要遵从流程的规则和要求做事,团队就能获得更好的成绩。比如,华为2003年正式推行IPD后,经过5年的实践,研发项目平均周期持续缩短50%,产品故障率减少95%,客户满意度持续上升。

华为提倡正确做事，其核心就是按照流程规则来做事，按照流程规则做事，实际上，我们只要做好这些就可以一次性把事情做好。

第三，流程提升组织整体效率。

流程作为最佳经验总结并非一成不变，而是随着业务发展不断优化提升的过程。华为每年开展流程变革，优化流程，以适配业务的发展。变革的最终目的是要把业务做好，以获得更高的客户满意度和最优的投资收入比。同时，持续的变革也带来了一种隐性收益——流程运行的能力提升，即组织通过运作流程、总结和复盘，调整和优化流程，使流程的价值创造能力更进一步。

流程创造价值这一能力的提升，实际上是组织开展业务的成功经验和规则被总结固化在流程上的一种表现。曾经华为给运营商做定制手机时，一款全新的定制手机研发周期需要1—2年；当我们遵循IPD流程做手机，不断总结、积累和沉淀后，同一款系列手机，只用了一个半月的时间就实现了量产。这是流程提升组织能力的典型证明。与之相反的是，在缺少流程的企业里，我看到了另一番景象——每一次都是"第一次"，即使曾经遭遇过大问题，跌过深坑，每一次也要重新经历一遍。

毫无疑问，没有内在实力的提升——经验和能力的积累和沉淀，企业不可能实现持续的增长。即使获得偶然的市场成功也只是昙花一现，无法长久。在缺乏流程的企业，无法享受流程与组织带来的能量，无法实现将组织能力建在流程上的持续积累和沉淀。流程与组织二者融合，实现"1+1＞2"的管理能效。离开了组织，即使再先进的流程也无法运转；离开了流程，即使是再优秀的组织也难以协同。二者交融，力量倍增。

流程与 IT 的关系

IT 是 Information Technology 的缩写，译为"信息技术"，是主要用于管理和处理信息所采用的各种技术的总称。IT 系统包括计算机软硬件系统、网络和通信技术、数据和存储技术、软件工具等，IT 系统通过获取数据、文档、图文、声像等信息，加工、存储、传输和使用，以提高工作效率。

常用的管理信息系统，诸如，CRM（Customer Relationship Management，客户关系管理）、PLM（Product Lifecycle Management，产品生命周期管理）、ERP（Enterprise Resource Planning，企业资源计划）、APS（Advanced Planning and Scheduling，高级计划与排程系统）、MES（Manufacturing Execution System，制造执行系统）、eHR（Electronic Human Resource，电子人力资源管理）、OA（Office Automation，办公自动化系统）、WMS（Warehouse Management System，仓储管理系统）等，它们在企业经营与管理中发挥着重要作用，成为不少企业不可缺少的信息化系统工具。

在企业的流程建设中，有 IT 系统的帮助，流程对企业的价值就会得到进一步放大。同时，在 IT 系统的建设中，流程也为 IT 系统建设提供了准确的业务需求。流程与 IT 相互结合，共同作用，极大地提升了企业的运营效率。流程与 IT 的关系紧密，厘清二者的关系，有助于我们开展流程和信息化建设。

第一，IT 系统固化流程，防止"变形"。

流程的整个生命周期都离不开人。在缺少系统的企业，企业必须增加流程监管，组织和建立流程运营的监督管理机制来保障流程的运营，否则时间一长，流程运营就会偏离原来的方向，出现"变形"。这也是一些企业的流程运行一段时间之后，不但不能赋能业务，还阻碍业务发展的主要原因。

如果把流程固化到 IT 系统，即使不同业务运营者有着不同的流程习惯，也不会导致流程出现偏差。

IT 系统保证流程各阶段、步骤被完整执行。IT 系统按照预设流程阶段和步骤运行，确保执行者遵从流程，避免执行者跨过流程阶段或步骤，从而避免业务风险。

IT 系统保障流程各阶段的输入和输出信息的完整性。流程固化在 IT 系统，对于流程的输入和输出信息做出了限制，从而避免流程执行者遗漏输入和输出信息。

保障流程各阶段输入和输出信息的规范性和一致性。流程把部分输入和输出信息模板化、表格化，从而提升了流程执行者的规范化和标准化。

通过 IT 系统固化流程，确保了流程执行者的遵从性，避免流程在运营过程中发生变异。比如，一家智能家居企业的产品立项流程一直没有进行 IT 固化，流程运行几个月之后，部分团队为了省事，干脆把立项流程换成了一张简单的立项任务单，结果导致做出来的产品不能满足市场需求，且价格高昂，客户不买单。

第二，IT 系统是流程运作的"高速公路"。

通过 IT 系统的固化，用系统代替人的部分操作，提升了流程的运营效率。用华为总裁任正非先生的话来说，IT 部门最重要的职责是把"高速公路"修好。

IT 系统减少了流程的无效等待时间，提高了流程运行效率。

一家企业的采购申请流程为：申购人申请、直接主管审核、采购经理审核、分管副总审核、CEO 审批共五个步骤。在没有 IT 系统的情况下，申请人需要拿着申请表往返于各个领导办公室，一一找领导签字。这个过程只要遇到其中一位领导在开会或忙其他更要紧的事，申请人就不得不等待领导，并且要随时观察领导是否空闲，以便完成签字。这种情况给流程增加了等待的隐性成本。

IT固化流程之后，申请人提交申请后，不再一一找领导签字，而是先处理其他工作，等待IT系统反馈采购申请审批结果。过去最快需要45分钟的采购申请审批流程，现在在IT系统的运行最快只要5分钟，运行效率提升了近8倍。

IT系统可以实现流程跨区域运行。

比如，一家集团化企业，走所有需要公司盖章的流程时特别烦琐，为了方便盖章，采用两种方式：一种方式是通过委托公司总部人员代为操作；一种方式是通过邮寄纸质件的方式。后来企业将流程固化到IT系统，采用了电子签章的方式，既解决了原有的问题，又降低了流程运营成本。

IT系统可以代替部分人工操作。

在财务报销中，现在很多企业采用了IT系统自动审核判断的方式，以减少一些简单的审批工作。比如，一些企业采用财务系统的自动审批功能代替了原来的人工比对的审批流程，实现了费用报销付款的秒级到账。

第三，IT系统助力流程管理。

有IT系统的帮助，流程更加显性和直观，所有流程运行的状态、处理的记录和时间，以及流程过程的输入和输出信息都保存在IT系统中，更有利于企业评估流程的效率、成本和质量。并且，当业务或人员变动时，也可以通过IT系统及时适配，以保障流程的执行效果。

第四，流程是IT信息化建设的输入来源。

由于IT系统在流程运营中发挥着非常重要的作用，很多企业都希望建设符合自身企业业务的 IT 系统。但，如何建设才能符合业务和提升业务效率？

流程是业务的管道，真实反映业务的本质，在 IT 信息化建设中，抓住了流程就抓住了业务。流程建设的成果——流程，是流程 IT 化建设最直接的输入来源，是信息化建设把握系统需求的捷径。

系统架构是 IT 信息化系统建设的顶层设计。首先要厘清业务架构，而流程架构体现了业务架构和逻辑，可以直接作为 IT 信息化系统架构的输入。业务架构也是构建信息架构、应用架构、技术架构的首要条件。其次，各层级业务流程为 IT 信息化系统提供了具体的流程固化的详细要求。比如，直接将业务流程中的阶段、步骤、角色及对应权限配置进 IT 系统中，即实现了业务的信息化。

第五，IT 系统沉淀流程资产。

流程运转的是信息流、数据流或物流，对应到 IT 系统中就是数据和信息；流程运转产生大量的数据和信息资产，如果没有一套系统来收集和管理，这些资产就会丢失。若数据和信息资产丢失，就无法利用这些数据和信息资产为企业经营提供决策辅助。

IT 系统正好弥补了流程在数据和信息管理上的不足，通过 IT 系统收集、整理、分析、挖掘和应用，让信息和数据赋能企业经营，让企业经营能力不断提升。

流程与 IT 系统相互交融，形成了为企业高效运转的有效工具，如图 1-8 所示。华为认为，IT 系统建设要紧跟流程建设，流程建设要采用先"僵化"、后"优化"、再"固化"的原则（将在后文第六章中详细描述，此处不再赘述）。

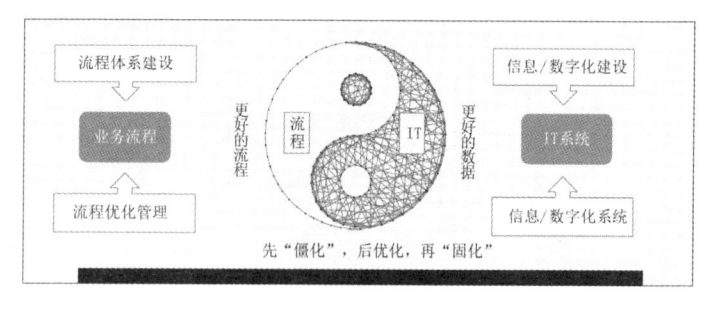

图 1-9 流程与 IT 的关系

事实上，IT 系统对流程功能的放大作用着实让人着迷，很多流程通过 IT 系统的"固化"后效率提升几十甚至上百倍。企业应在充分研究均衡发展和 ROI（Return On Investment，投资回报率）的前提下，尽量用 IT 系统武装流程，给流程穿上"铠甲外衣"，放大流程的功能，提升企业运营效率。值得注意的是，在华为，流程与 IT 系统被划分为同一个部门，这也跟流程与 IT 系统的紧密关系息息相关。

流程必备的九大要素

理解流程的定义和内涵，其意义不止于统一认识，更重要的是明确流程建设的目标和靶向，即优秀的流程应该有什么，具有什么特质，如何判别流程优劣，如何建设好流程。要做到学以致用，唯有先抓住流程的特征，才能获得流程的奥妙，抓住流程的"神"。否则，就好像"懂得很多道理，还是过不好这一生"一样。即使对文字定义倒背如流，也只能是"隔靴搔痒"，不得其法。

当然，想抓住流程的精髓，先要从流程的"形"开始，"形"就是流程的特征和属性。这些特征和属性是什么？流程包含哪些特征要素？

一个完整的流程包含九大要素：流程供应者、流程输入、流程活动、活动关系、流程输出、流程客户、流程目标和范围、关键控制点、流程责任人，如图1-9所示。

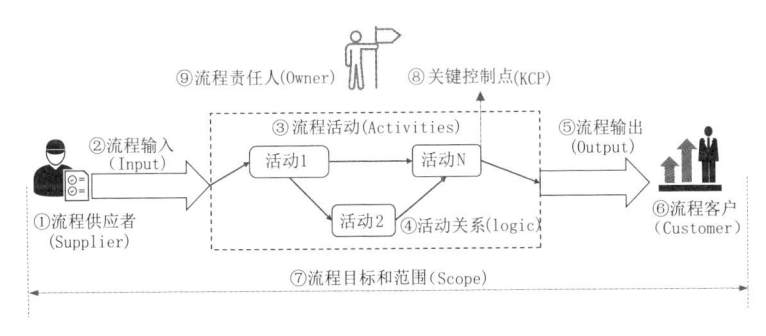

图1-8 流程九大要素

要素一：流程供应者（Supplier）

流程供应者（Supplier）是为流程这部"加工机器"提供输入的对象，任何流程都需要提供者为其提供"加工运转"需要的输入。比如：

在数据信息业务中，流程供应者向流程提供原始数据之后，数据处理流程输出经过处理的数据信息，比如，流程供应者向财务流程输入原始财务数据，财务流程输出三张经营数据报表（资产负债表、现金流表、利润表）。

在物流业务中，流程供应者提供输入物料，流程输出经过加工的成品。如向生产流程提供原材料，生产流程输出产品。

在人员信息业务中，流程供应者提供原始的人员信息，流程输出经过加工的人员信息。例如，向招聘流程中输入应聘者名单信息，招聘流程通过简历筛选、面试、试用、转正等流程活动,输出转正合格的人才信息。

只有流程供应者为流程提供输入,流程才能运转。如前所述,只有领料员提供原材料,生产流程才能运转;只有发货人提供物品或信息,物流流程才能把物品送给客户;只有产品需求提供人提供产品需求,研发流程才能根据需求研发出满足客户需求的产品。

不同流程的流程供应者表现为不同角色,诸如供应商、领料员、发货人、产品需求提供者等。需要注意的是,**在端到端的业务流程中,流程输入来源于流程的客户,即从客户中来到客户中去**。另外,在复杂的流程中,输入者通常不是一个人,而是具有不同特性的一群人。准确输入是流程正确输出的前提条件,**认清流程供应者才能准确把握流程输入**。

要素二:流程输入(Input)

流程输入(Input),是流程"加工"的对象,是指流程为实现客户价值创造,输出所需要的输入内容,流程的输入内容包括:实物内容、信息内容和人员内容。

实物内容,如采购回来的产品、提供给生产的原材料、要发货的货物等;

信息内容,如客户订单信息、采购信息、客户需求信息、收付款信息等;

人员内容,如面试名单、人才培养名单、待接待客户名单等。

另外,流程输入并非只有一个内容,而是一个或多个内容的组合,例如:

物流发货流程的输入:收货人(谁收货)+目的信息+待发货物品

销售流程的输入：客户信息（谁需要）+客户采购意向或需求

售后服务流程的输入：客户信息（谁使用）+产品问题或技术咨询

付款流程的输入：收款方账号信息（谁收款）+资金金额

在流程运行中，错误的流程输入必然导致流程输出错误。流程启动，意味着人力和资源的投入，输入正确的流程尤为关键。在开展一项流程前，华为人通常会先考虑是否满足流程的入口条件。比如，产品进入开发之前，要确认产品需求是否明确；产品生产前，要确认物料是否准备齐全，产品资料是否齐全，生产方案是否评审通过；产品推广前，要确认产品样品、产品说明及产品资料是否获得，营销资料是否准备齐全，推广方案是否确认，等。

入口条件的判断，是对流程输入正确性的把关，是避免资源投入浪费的首要保障。正确的流程输入，让流程"不输在起跑线上"。

要素三：流程活动（Activities）

流程活动（Activities）即流程运行的过程，是业务实施的具体动作，是流程对输入的各种"加工"动作的统称。

流程业务属性不同，流程活动类型自然不同。

一系列流程活动构成流程的运行主体，运行主体即流程的"加工机器"。针对不同的业务，流程所需的"加工机器"类型不同，比如，在销售业务中，是客户拜访、合同谈判、合同签订、合同履行、合同交付等具有销售标签属性的活动；在产品研发业务中，是产品立项、概念设计、计划制订、详细设计、测试验证、产品发布等具有研发标签属性的活动。

流程的层级不同，流程活动动作呈现不同。

在高阶流程中，流程活动表现为具有一系列逻辑关系的活动的总称。比如客户拜访、签订合同、合同交付、销售回款、设计开发、测试验证等。在低阶流程中，流程活动表现为具体的动作和思维活动。比如，信息录入、设计图纸、测试产品、产品维修等动作性活动，评审、审核、审批等思维性活动。

流程活动因业务不同具有不同的标签属性，同时，也因流程的层级不同具有不同的动作呈现，在流程建设时需要注意识别。

要素四：活动关系（logic）

流程的活动关系（logic）是流程活动与流程活动之间的逻辑关系。为了达成业务目标，流程通过流程活动关系把流程活动连接起来，构成一系列有逻辑顺序和关联关系的业务加工活动，活动与活动之间的逻辑关联关系如下。

（1）先后关系：主要表现为一个流程活动的输出是另一个流程活动的输入。比如，先设计产品，再测试产品。

（2）并行关系：指两个活动可以同时开展。比如，研发流程中，硬件设计和软件设计同步进行。

（3）选择关系：根据当前活动的输出结果，选择下一步的活动。比如，在售后服务流程中，分析问题时，根据问题分析的结果，选择采取技术支持活动还是维修活动。

（4）组合关系：指多个活动的输出决定下一个活动的输出。比如，在会签评审中，需要组合多个评审专家的意见，以决定下一个决策活动是通过还是驳回。

流程的活动关系是流程微观活动的连接，通过流程的活动关系组合，从而形成业务流程的价值创造过程。

要素五：流程输出（Output）

流程输出（Output）指完成部分流程活动或所有流程活动的输出结果，包含流程活动输出、过程结果输出和最终结果输出。

流程活动输出

流程活动输出即流程中的关键动作的输出。比如：评审方案的动作，输出评审后的方案；制作表单的动作，完成表单的输出；设计图纸的动作，输出设计图纸等。

过程结果输出

在未直接面向客户的流程中，流程输出是对流程输入的加工结果。例如，项目管理流程中各阶段的输出。

启动流程的输出：根据项目任务书的输入，完成项目任务书相关启动资源的准备。

计划流程输出：根据项目启动资料和信息的输入，完成项目计划的输出。

项目实施流程的输出：根据项目计划的输入，按照项目计划，完成项目实施。

项目收尾流程的输出：根据项目实施结果的输入，完成项目的客户验收和总结。

最终结果输出

在端到端业务流程中，流程的最终输出是满足客户需求的产品、服务或解决方案。例如华为端到端流程的输出。

IPD 流程的输出：满足市场客户需求的产品或解决方案。

LTC 流程的输出：客户购买到的产品、服务或解决方案。

ITR 流程的输出：解决客户产品使用过程中的问题。

流程输出结果，无论是流程中间的输出，还是流程最终结果的输出，都是流程活动的产物，都是企业开展业务的资产，也是流程之所以能够沉淀无形资产的魅力所在。

要素六：流程客户（Customer）

流程存在的价值之一就是为客户创造有价值的输出。流程客户（Customer）是流程服务的对象，任何流程的最终输出结果都提供给流程客户。在华为，"下一道工序就是客户"是界定流程客户的经典总结。所谓"下一道工序"，就是流程的下一个环节或下一个活动。"下一道工序"的客户包含了外部客户和内部客户。

外部客户

外部客户，即企业的客户，也是端到端流程的最终客户。常见的有如下几种。

IPD流程的客户：产品或解决方案需求的外部客户，通常为企业服务的对象。

LTC流程的客户：购买企业产品、服务或解决方案的客户。

ITR流程的客户：使用企业产品、服务或解决方案的客户。

内部客户

迈克尔·哈默认为，流程的客户不一定是外部的客户，流程客户也可以在公司内部。 从企业经营的角度看，端到端流程的外部客户才是企业真正的客户，但并非所有流程都只是一条直线从客户直接贯通到客户。由于产品、服务或解决方案的复杂性，要满足客户需求需要多个流程协同运转，才能实现从客户到客户的端到端。所以，在端到端流程中间有很多流程，也就产生了很多内部客户。

比如，从客户购买 5G 基站的需求，到企业提供可以使用的 5G 基站给客户，中间需要经过若干个流程，包括需求管理流程、合同谈判流程、5G 基站产品或解决方案开发流程、5G 基站制造流程、物流运输流程、5G 基站安装验收流程等等。所有不在客户接触点上的流程都指向内部客户。

再比如，产品开发流程除了接收外部客户对产品的功能和性能需求，在产品开发时，还要充分考虑流程下一环节的内部客户的需求：要满足制造部门对产品可制造性、可包装性的需求；要满足物流部门对产品可运输性的需求；要满足安装交付部门对产品可安装的需求；要满足售后部门的可维护需求。即产品开发流程的"下一道工序"客户是内部的制造、物流、安装交付和售后服务部门。

由此可见，内部客户非常重要。没有内部客户的过程运作，就无法达成外部客户的需求和期望。流程的运作好比关羽"过五关斩六将"，接收外部客户的需求之后，要通过满足一个个流程客户，从而实现对最终客户需求的满足。

华为用了"下一道工序就是客户"的总结来识别客户的观点非常经典。识别客户，一句话就讲完了，不论是外部客户，还是内部客户，概莫能外。

要素七：流程目标和范围（Scope）

流程目标和范围是指流程的使用范围和边界。流程目标要回答流程是用来解决什么问题的。不同流程有其不同的目标和范围。

MTL（Market To Lead，市场到线索）流程：从细分市场中找到关键客户商业线索。

LTC（Leads To Cash，从线索到回款）流程：从市场的线索中找到机会，发掘商机，签订合同，履行合同，完成合同回款。

IPD（Integrated Product Development，集成产品开发）：从市场所需的产品需求到开发设计满足客户需求的产品。

ISC(Integrated Supply Chain，集成供应链）流程：把满足市场需求的产品制造出来。

ITR（Issue To Resolve，从问题到解决）流程：为客户解决产品使用上遇到的问题和困难，服务好客户。

一个清晰的流程目标可以带来诸多好处，诸如明确流程的作用、边界，以及对应的资源。华为的流程，目标明确，边界清晰，互不影响。然而，也有很多企业的流程目标不清，范围混淆，带来了职能重叠、交叉的问题。

一家从事汽车配套产品供应的外资企业，中国区年营业额达10亿元，在汽车售后服务细分市场小有名气。但在产品售后服务上，却让客户大失所望。通常一个售后问题，会涉及几个部门的处理。在问题受理上，销售、商务、技术、售后等部门都可以受理。在问题处理上，流转的部门是随机的，具体流转路径取决于受理人的传递。很多时候，客户需要追踪企业的不同部门，以推动问题处理。在问题关闭上也是，谁最后处理完，谁来关闭售后问题。这样的流程给客户带来极差的体验，有多位客户在面对该公司产品售后问题时，表现出了极大的无奈，纷纷表态："以后坚决不买这家公司的产品！"

流程目标不清晰、业务覆盖不全，也会导致流程出现"空白地带"的问题。

一家年营业额5亿元的电力设备企业，对客户的需求管理也存在"空白地带"：销售不管，市场不管，产品研发也不管。我曾在访谈调研中，问了各个部门同样的问题："您认为产品需求应该谁来管？"每一个部门的回答都是："老板叫我们怎么做，我们就怎么做。"

没人管的事情都交给老板，是很多企业的普遍现象，也是企业老板的痛点。厘清流程目标和范围，杜绝流程出现"空白地带"，让流程发挥管道价值，解放管理者。

要素八：关键控制点（KCP）

关键控制点是在业务流程中对流程输出产生关键影响的流程活动环节，是企业为实现流程目标、保证流程正确输出、降低流程重大风险，而采取的控制性流程活动。

流程关键控制点包含两层含义。

第一，阶段性检查点。

阶段性检查点表示具有里程碑意义的代表性节点，简单来说，是业务场景的必经旅程，只有完成该旅程节点，才能前往下一个旅程节点。我们以旅游团为例。

组织旅游团乘坐飞机从北京到峨眉山旅游。所有人在北京大兴机场（第一个里程碑节点）集合；然后，从大兴机场乘机到达成都天府国际机场（第二个里程碑节点）；再从成都天府国际机场到成都东站（第三个里程碑节点）乘车；从成都东站乘车（高铁）到乐山的峨眉山火车站（第四个里程碑节点）；从峨眉山火车站乘车到雷洞坪（第五个里程碑节点）。每到达一个点，都要检查所有人是否安全到达，然后再开始下一个旅程。如果不满足阶段性检查点的要求（比如，检查发现有少数旅游人员未到达该地点），就不能继续下一个行程。

在流程的关键控制点上也是如此，必须保证上一个阶段的工作满足该节点检查的要求，才能进入下一个阶段，**把握流程的关键控制点是保证一次性做好事情的关键。**

第二，决策控制。

所谓决策控制，是在业务整体目标和规划下，对关键执行过程的决策。决策控制点分为业务控制点和技术控制点，我们仍以旅游团为例来说明。

旅游团乘飞机到达成都，突然下起了暴雨，如果继续旅程则存在很大的风险，如果终止旅程就达不成旅游的目的。此时，从整体投资回报的角度来评估，以最小的成本获得最大的收益，哪怕是损失——也要降到最低，这个控制点就是业务决策控制点，是基于投资回报率的业务决策。

在这个节点上出现了两种选择，从费用的角度来看都一样。一种选择是乘坐高铁；一种选择是乘坐汽车。此时，选择什么方式的交通工具要基于前进路线来选择，无论什么方式都能到达下一个目的地，但各有优劣。此时，这个控制点的选择就是一种技术控制点。从技术或专业的层面上来评估两种选择的优劣的方式，就是技术决策。

无论是业务决策还是技术决策的控制点，其决策结果都会直接影响下一步旅程、业务成本和耗费时间。决策控制点是决策选择最优路径来达成业务目标的决策控制方式，是端到端流程的关键必备因素。

要素九：流程责任人（Owner）

流程责任人是流程的核心因素，流程责任人是社会分工发展的必然产物。经济学之父亚当·斯密在1776年出版的《国富论》中，首次提出分工管理的概念。亚当·斯密以大头针的生产流程作为例子。

一家只有10个人的制针小工厂。如果没有受过制针训练，也不知道怎样使用制针机械，那么即使再努力工作，一天也许也造不出一枚大头针，当然更不可能造出20枚了。但采用分工之后，一个人抽铁丝，一个人将铁丝拉直,一个人将铁丝截断,一个人削尖铁丝的一端,一个人磨另一端以便装上针头。制作针头,还需要有两三种不同的工艺。安装针头、涂白表面、最后包装,都有专门的工艺。这样,一个有 10 个工人的工厂,每天就可以造 48000 枚大头针,也就是一个人一天能造 4800 枚大头针。

诚然,专业分工创造了奇迹,提升了企业运营效率。在分工管理模式下,不同专业的人被划分在不同的职能部门,每一个人都专注于自己部门擅长的领域。但产品越来越复杂,分工越来越细,企业在享受专业分工模式收益的同时,也应接受它带来的问题。举个例子。

2008 年 9 月 15 日上午 10 点,雷曼兄弟公司向法院申请破产保护。10 分钟后,德国国家发展银行向该公司即将冻结的银行账户转入了 3.19 亿欧元(约合 4.1 亿美元)。转账风波曝光后,各界震惊,舆论哗然。因为在此前一周,有关雷曼破产的消息已经满天飞,在形势如此明朗的情况下,这 3.19 亿欧元将是"肉包子打狗"有去无回。所有人都很惊讶:短短 10 分钟,德国国家发展银行到底发生了什么,导致了如此低级而愚蠢的错误?

一家法律事务所,受财政部的委托,进驻银行进行了全面的调查,调查银行职员在 10 分钟内能做什么。

首席执行官乌尔里奇·施罗德:我知道今天要按照协议预先的约定转账,至于是否撤销这笔巨额交易,应该让董事会开会讨论决定。

董事长保卢斯:我们还没有得到风险评估报告,无法及时做出正确的决策。

董事会秘书史蒂芬:我打电话给国际业务部催要风险评估报告,可那里一直占线,我想还是隔一会儿再打吧。

负责处理与雷曼业务的高级经理希特霍芬:我让文员上网浏览新闻,一有雷曼的消息就立即报告,但现在我要去休息室喝杯咖啡了。

文员施特鲁克：10:03，我在网上看到了雷曼向法院申请破产保护的新闻，马上就跑到希特霍芬的办公室，可是他不在，我就写了张便条放在办公桌上，他回来后会看到的。

结算部经理德尔布吕克：今天是协议规定的交易日子，我没有接到停止交易的指令，那就按照原计划转账吧。

结算部自动付款系统操作员曼斯坦因：德尔布吕克让我执行转账操作，我什么也没问就做了。

信贷部经理莫德尔：我在走廊里碰到了施特鲁克，他告诉我雷曼破产的消息，但是我相信希特霍芬和其他同事的专业素养，他们一定不会犯低级错误，因此也没必要提醒他们。

公关部经理贝克：雷曼破产是板上钉钉的事，我想跟乌尔里奇·施罗德谈谈这件事，但上午要会见几个克罗地亚客人，等下午再找他也不迟，反正不差这几个小时。

国际业务部经理克鲁克：我星期五晚上准备和家人去听音乐会，我得提前打电话预订门票。

国际业务部副经理伊梅尔曼：在忙其他事情，没有时间去关心雷曼的消息。

无疑，专业分工、各司其职是导致德国发展银行悲剧发生的直接原因。虽然分工是必要的，但分工之后只有纵向（专业）管理，缺少横向（业务）贯通，从而导致德国发展银行的悲剧，同时，也暴露了专业分工带来的缺陷。如何避免这一缺陷，不再重蹈覆辙？

迈克尔·哈默在《企业再造》中提出：流程必须有一个对流程端到端负责的，我称之为业务流程责任人（Business Process Owner,BPO）。流程责任人的提出，使专业分工加上了一条锁链，解决了流程分工之下，没人负责这个业务流程的问题。

迈克尔·哈默提出的流程责任人主要承担四种角色职责：流程端

到端负责人、流程变革负责人、流程教练、流程接口人,如表 1-3 所示。

表1-3 流程责任人承担的四种角色

序号	角色名称	角色职责
1	流程端到端负责人	对端到端过程负责,对业务流程业绩负责
2	流程变革负责人	流程变革管理、架构设计和流程改进;设定、评估和分析流程绩效指标;建立流程测评系统
3	流程教练	承担流程教练角色,对流程运用过程进行辅导;处理例外事件和流程问题;解决流程运行冲突
4	流程接口人	协调流程与相关流程的关联和界面;流程客户的接口人

华为深谙流程责任人的重要性,专门建立了流程责任制,以保障业务流程的端到端贯通。华为的流程责任制采用分层分级的方式,分为 GPO(Global Process Owner,全球流程责任人)、BPO(Business Process Owner,业务流程责任人)、BUPO(Business Unit Process Owner,业务单元流程责任人)/RPO(Region Process Owner,区域流程责任人)、CPO(Country Process Owner,国家流程责任人)/PLPO(Produce Line Process Owner,产品线流程责任人),不同层级的人对应不同责任要求,如图 1-10 所示。

```
        GPO              全球流程责任人
        
        BPO              业务流程责任人
        
      BUPO/RPO           业务单元/地区流程责任人
      
      CPO/PLPO           国家/产品线流程责任人
```

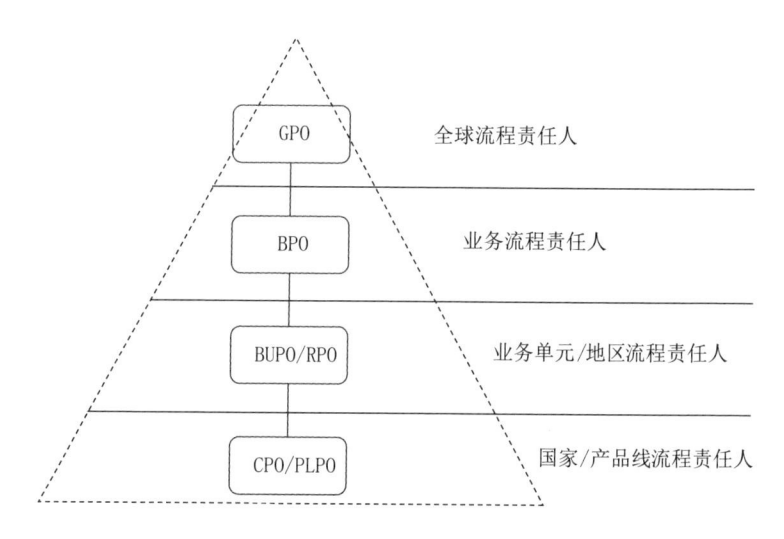

图 1-10 流程责任分层授权

建立对事负责的流程责任制，把权力下放给最明白、最有责任心的人，让他们对流程进行例行管理，是端到端业务成功的基本保障。

流程认识的八大典型误区

自 2019 年 5 月 15 日，美国向华为发起第一轮制裁以来，在美国持续高压制裁之下，华为经营业绩仍然持续稳健。没有自身的强健又怎能在风刀霜剑中砥砺前行？毫无疑问，高效运作的流程管理体系是华为不断前进的核心力量。

根据华为 2021 年年报，华为 2021 年营收 6368.07 亿元，净利润 1137 亿元，净利润相比于上年同期上升了 75.9%。在 2021 年的华为年报发布会上，孟晚舟女士用这样一句话做总结："华为的最大财富是人才储存、思想储存、理论储存、工程储存和方法储存,以及我们内部流程管理的高效有序的储存,这些才是我们靓丽财报背后华为真正的价值。"

流程赋能业务,实现业务增值。企业利用流程构建价值创造的业务运营体系,是打造"长治久安"的基础和保障。

遗憾的是,很多企业并没有发掘流程的价值,无法从流程中获益。究其原因,是因为企业走进了流程的误区。我根据企业的管理和流程管理咨询的实践,总结出流程常见的八大典型误区,以资参考,避免入坑。

典型误区一:管理只能靠人,流程没有用

我们知道,在追求长期发展的企业中,几乎没有一家企业不重视人才,人才必然是企业经营的核心因素。离开人,企业一切经营目标都如镜中花,水中月。古人一语道破人才的重要性:"得人才者,得天下。"所以,很多企业将所有管理问题都归结于人不无道理。

在他们看来,事情都是人做出来的,企业管理只关注人就行了。比如:岗位不胜任——是人才专业能力的问题;推诿、扯皮、协作不力——是人才沟通能力的问题;事情没人管——是人才的态度问题;进度跟不上——是人才执行力的问题;积极性不高——是人才激励的问题。总之,一切问题都是人的问题,都可以通过人来解决。

在以人为中心的管理模式下,当业务进度较慢时,企业就会增加团队来监督催办;当产品研发环节出问题时,企业就增加测试人员来加大测试力度;当制造环节产生不良品时,企业就增加检验人员,来加强产品检验,以卡住不合格的产品。

事实上,人才是一把双刃剑:用得好,企业高歌猛进;用不好,

必然"车毁人亡",可谓成也萧何,败也萧何。哪里有问题就在哪里补充人的做法,必然造成组织的臃肿,也违背了"事情是做出来的,而不是监督出来的""产品是设计出来的,而不是检验出来的"这一管理常识。比如,一家小型制造型企业,生产仅 200 多人,检验人员就高达 92 人,这就是一种依靠人的典型表现。

认为流程没有用,管理只能靠人的主要原因有两个方面。

第一,企业从来没有尝试过使用流程来帮助企业实现业务增值,没有从流程中获益。

第二,企业虽然建设过流程,但最终没能建成,不得不重新回到"靠人管理"的管理模式。于是,企业更加笃定——流程没有用。

虽然人才对于企业管理来说很重要,但是,企业经营不善,除了人的因素,还有没有其他原因?比如,业务(事情)有没有搞清楚,流程有没有梳理顺畅?

一家从事行业设备定制的企业,两年内更换了 3 任总经理、4 任销售总监、3 任研发总监、若干中层管理者。在如此情况下,董事长不得不亲自带领企业开展文化建设、人才盘点、任职资格、绩效与激励等人力资源项目。该企业把管理问题归结于人,以期通过调整文化,激励手段来改善企业的经营管理现状,但收效甚微。

用一位管理者的话来说:"企业今天一个样,明天一个样;换一个领导,换一种干法,只要企业有问题,各种人力管理项目就来了,很是折腾人。"

事实上,当连续三个人不胜任一个岗位的时候,企业就要从岗位能力匹配上着手分析。比如:分工是否合理,岗位要求是否过高,企业是否具备职业化管理的条件?

华为认为,职业化管理指的是解决企业内部问题要靠"法治"

而非"人治","法治"就是基于流程管理体系来调集人力资源。

实际上,流程管理是业务(事)牵引组织的过程:由业务(事)来明确对人的能力要求,再根据能力要求来匹配人。如果岗位无人可胜任,那必然是能力要求过高;而能力要求过高,必然是业务(事)太复杂。

面对业务(事情)过于复杂的情况,企业应该把解决管理问题的突破口放在降低业务(事)的复杂度上,而不是仅在人上下功夫。一旦业务理顺了,用流程管理起来,问题就迎刃而解。

典型误区二:流程固化、教条、不灵活,限制创新

一部分企业认为流程就是固化的产物。所谓固化,就是把成熟的业务固定在流程中,将业务按照固定的流程运作。因为流程固化,所以流程是教条的、不灵活的,流程限制了创新。在他们看来,要想在固定流程模式下开展创新是绝不可能的,固化的流程只能用于成熟业务,而不能支撑创新,这是典型的流程误区。

事实上,并非流程限制了创新,关键在于企业建立了什么样的流程。

比如,华为3G数据卡、Mate系列手机、P系列手机以及华为5G芯片、5G基站等创新类产品。在华为看来,任何创新都是有成本的,但创新归根结底必须以客户为中心,实现商业价值。华为把为客户提供的产品和技术的创新融入流程里。例如:基于市场需求的产品创新通过产品规划流程来开展;基于市场需求的新产品研发通过新产品开发流程来研究开发;新技术开发通过技术开发流程来输出;等。这些流程把创新的模式和经验总结成输出创新产品和创新技术的流程。

另外,我也曾发明十多项专利,并获得专利发明证书。毫无疑

问,专利的发明过程就是创新的过程。实际上,如果按照发明专利的流程来创新,获得发明专利就不是一件难事。当然,需要说明的是,不是流程包揽创新内容就可以创造诸如改变世界、颠覆行业的成果,而是流程可以助力创新。

所以,并非流程固化、教条、不灵活限制创新,而是你把什么样的经验提炼成什么样的流程。如果流程仅是标准化、规范化的总结,流程就会发挥标准化和固化的作用;如果流程是创新经验的总结,流程就能助力创新,降低创新的难度。不可否认的是,只有一种情况例外——完全从 0 到 1 的创新。因为从 0 到 1 的创新,在全人类范围内,都无经验可以借鉴,也就无法总结成流程。但我们也不能因此就否定流程在创新领域的作用。

典型误区三:流程就是工作流程或 SOP

任务 SOP(Standard Operating Procedure,SOP)属于活动层面的低阶流程,即每一项特定活动要采取的动作和步骤。很多人认为,流程就是工作流程,流程就是 SOP,这是一种典型误区。

首先,工作流程是针对工作任务的流程,是指参与完成一个工作任务或目标的各个环节,按照一定的工作流程定义和协调安排,以达到统一的管理和效益。工作流程通常为了工作任务执行的标准化和效果,把工作任务的步骤、活动、行动标准和规范固定下来。

其次,SOP 是针对工作任务中的某些活动制定的标准操作程序。SOP 表述了操作过程,内容包括任务执行活动中需要遵守的各种规定和控制,以保证操作的准确性和一致性。因此,SOP 通常用于某一特定任务下活动的操作指引,是一种非常明确的文件规范。

工作流程是一种任务级流程,SOP 通常是工作任务的下一级流程。二者与为企业创造价值的业务流程相比区别很大，用餐饮企业来举个例子。

餐饮企业的业务流程是客人点菜下单，后厨制作，服务员端出菜品，客人享用，客人结账买单的全过程。整个过程叫作业务流程，这个业务流程实现了从菜品原材料到菜品的升值。

在餐饮企业的业务流程中，服务员接待客人的过程称为工作流程：招呼客人，引客人入座，给客人倒水，给客人菜单或引导客人通过线上点单。在服务员接待客人的任务中，如何给客人倒茶的过程称为SOP。例如，根据人数，从消毒柜拿出杯子，一起在餐桌上摆放好，左边放杯子，右边放茶壶；用右手提起茶壶，往杯子里倒茶，每个杯子倒至七分满；当所有茶杯倒好之后，右手顺时针旋转餐桌，同时用左手示意客人取茶杯。

从以上案例可以看出，认为流程就是工作流程或SOP，显然是对流程认识的误区。**流程所能创造的价值，永远不会超越企业对流程的认知——只有认识它，才能用好它。**

典型误区四：流程的作用仅在于对人、财、物的管控

一部分企业认为流程的作用仅在于管控，流程只用于对人、财、物的管控。比如资金审批、费用审批、采购审批、人事类审批等。这是对流程应用范围理解不足的典型误区。下面再举一个例子。

一家工程建筑企业，大部分业务出现了延迟，500多个流程处于审批在途，近100个流程审批时间超过六个月，业务部门焦急万分，但束手无策。经过调研，我们发现，业务开展缓慢的原因在于：该企业拥有丰富而完善的人、财、物管控流程。管控流程涉及企业经营的各个方面，包括工程、施工、人事、财务、行政、采购等。财务管控方面，管控幅度从几十亿元的工程款支付，到几块钱的口罩发放，都有对应的流程来审批。并且

大多数审批流程都需要7～13个审批环节。而90%以上的流程审批权力都集中在几位高管手中。该企业的流程作用在于管控。

事实上，仅把流程用于管控的做法是一种巨大的浪费。流程的作用并非仅用于管控，流程更大的作用在于驱动业绩的增长。**重管控，轻业务，实际上是本末倒置的做法，必然会得不偿失。**没有业务如何管控呢？企业只有在业务上充分发挥，让业务为企业创造价值，企业才有收入和利润，才能生存和发展。**管控流程存在的目的也是服务和支持业务，促进业务发展，而不是先把业务停下来，只做管控。**

华为总裁任正非先生认为，我们追求的是产粮食，而不是没事故。我们追求火车跑得快，而不是为了不出事就不发车。在华为，一切资源都围绕为客户创造价值服务，以为客户创造价值为中心的管控流程是业务流程的支持流程，**管控流程不是企业创造价值的主航道，而是对主航道的支持。**

典型误区五：流程建设只是业务流的显性化

一旦企业的业务模式（商业模式）确定，企业的业务流（指商业活动中，交易双方交换和传递信息或物品的过程）就自然确定了。只要企业开展经营，不论有没有流程，业务流都天然存在。所以，很多企业认为，流程只不过是业务流的显性化。流程建设只需把业务流整理成流程文件、流程视图就可以了。殊不知，这是一种典型误区。基于这一误区，企业在流程建设上，通常采取两种方式。

第一，不投入资源建设流程。

一部分企业甚至认为，流程即使不显性化，也不会影响企业的业务经营。反而用流程来管理和显性化业务，还要投入人、财、物去建设流程和管理流程，不仅浪费钱，还给企业和组织增加负担，得不偿失。

所以，这类企业通常不关注流程，在他们看来，流程没有价值，靠人就好了。

第二，流程建设只做流程显性化。

另一类企业，认为流程显性化也是必要的，更有利于实现标准化和规范化管理。于是，这类企业用流程把业务流呈现出来，以此来宣告流程建设的完成。但是，只将业务流显性化的做法显然不够。仅显性化流程的做法存在两个弊端。

首先，仅基于显性化业务流，忽略企业战略。比如，在企业显性化业务流的过程中，企业调整了战略，降低或取消了部分原有业务。此时，企业原有业务的流程显性化的建设投入将颗粒无收，付诸东流。

其次，仅基于业务流的显性化，忽略了流程的优劣。仅基于业务流显性化的业务流程，极有可能是成本最高、效率最低的流程。

罗伯特·卡普兰有一句经典的名言："如果你不能描述它，你就不能衡量它；如果你不能衡量它，你就不能管理它；如果你不能管理它，你就不能实现它。"显然，流程显性化非常必要。但要想发挥流程的功效，为业务赋能，降本增效，创造更大价值，还必须考虑流程建设的其他效率、成本、质量、适用性等综合要素。

典型误区六：流程建设是流程部门的事，与业务部门无关

一部分企业的业务管理者认为，业务部门只负责打仗，至于要不要建流程，流程怎么建，都是流程管理部门或职能管理部门的事，

与我们业务部门无关。

在一些企业中,流程管理究竟应该由谁来管理始终是一个有争议的话题,正如培养人才,究竟是人力资源的主要职责,还是业务部门的主要职责一样,始终有两种声音。

深圳有一家从事硬件产品研发生产的企业。当时,我在做流程调研,一位技术总监反馈:"我们的流程管理部门根本不懂产品研发,所以研发流程很糟糕,严重影响产品开发进度和质量。"人力资源总监也认为:"流程管理部门不懂人力资源,所以,人力资源流程也存在很大问题。"然而,流程部门负责人非常无奈:"如果我们都懂,还要他们干什么?"

这种争议一直存在,业务部门认为流程建设是流程管理部门的事,流程管理部门认为流程建设是业务部门的事。其实这是一个误区,产生这种误区的根本原因在于,业务部门缺乏流程提升业务绩效的思维,没有发现流程的潜在价值。

首先,流程作为一种有效的组织管理手段,对提升组织管理效能作用非凡。如果业务部门不用流程,就无法收获流程带来的管理益处。

其次,业务应该怎么做,需要什么样的流程才能促进业务达成?优先级如何?等等,业务执行部门最清楚。在流程建设上,最直接接触流程的业务部门,不能当甩手掌柜。业务部门首先是最直接的需求者和受益者。

最后,流程管理部门是流程建设的组织者和管理者,在流程建设过程中提供方法、工具、规则和规范。否则,即使业务部门或职能部门承担流程建设职责,也只会是各自为政,各自发挥,不成体系。

业务与流程,二者形影相随,一表一里。在企业流程建设过程中，流程管理部门必须承担流程管理的职责，业务部门必须是流程建设的主要责任人。唯有如此，企业才能建设统一的流程运作体系，流程才能适配业务，赋能业务，促进业绩增长。

典型误区七：没有 IT 系统的固化，流程就不能落地

21 世纪的今天，IT 系统已成为众多企业经营管理的核心力量。IT 系统在加速信息流通、提高运营效率、降低经营成本等方面，发挥着不可替代的作用。

诚然，将建设后的业务流程固化于 IT 系统，为业务流程的运行保障提供了有力的支撑。IT 系统不仅提供了信息共享平台，提高了沟通效率，保障了标准化和规范化，而且有效保障了流程执行的遵从度。

因此，一部分人认为，如果没有 IT 系统的固化，流程将无法落地。如果是这样，为什么还有众多企业在流程建设上争先恐后？

事实上，流程的落地执行，并非只有 IT 固化这一种路径。**没有 IT 系统的固化，流程仍然可以赋能业务、赋能组织、创造经营价值，实现业绩增长。只是，即使没有 IT 系统的落地方式，也必须有完善的流程管理机制和组织来保障。**

流程不能落地不能只归结于没有 IT 系统的固化，不能落地的因素有诸多方面，比如：

- 流程没有对齐战略，落地后也无价值，等于没有落地；
- 流程没有反映业务的本质，流程做得再好也不能赋能业务；
- 流程缺少执行监管，没有监管就没有执行，没有执行就没有落地；
- 流程缺少组织支撑，没有组织支撑，流程就无法运行；

- 企业缺乏流程文化,没有文化支撑,流程终将被遗弃。

以上因素都是流程不能落地的主要原因,如果以上问题不解决,即使有IT系统的固化,流程也无法落地。

当然,不同企业对流程IT系统固化的需求不同,其重要程度也不同。

对于强烈依赖IT系统的行业,脱离IT系统不仅流程不能运行,甚至业务都无法开展。但是,对于部分手工操作行业,建设IT系统固化流程,反而适得其反。比如,一家从事手工工艺品加工的企业,通过生产工艺流程建设和优化,提高了生产效率。如果要将手工生产的工艺流程固化到IT系统,要求生产过程的每个环节都要经过IT系统中的流程,不仅会降低企业生产效率,还会增加企业投入IT系统建设和维护的成本。

另外,对于不同规模的企业,流程IT固化需求也不同。

一家经营规模小的企业,把开展业务的经验和方法总结成流程,可以帮助员工快速掌握业务,有利于经验共享和传承。但该企业尚不具备建设IT系统的条件,因此,采用组织监督管理的方式保障流程的落地执行更符合企业实际。

一家经营规模较大的企业,已经建立了较为完善的IT系统,但现有IT系统不能支撑新的业务流程,虽没有IT系统的固化,新业务也要继续开展。所以,企业成立了对应的流程管理部门,建立了流程管理机制,来保障新业务流程的落地执行。

尽管IT系统在现代企业经营中发挥了重要作用,但企业过分依赖IT系统会导致企业的业务流程的优劣性被掩盖。尤其在复杂的业务流程中,IT系统的实现难度较大,在很多情况下,为了满足IT系统的部署和实施,需要修改流程以适配IT系统,这个过程容易忽略流程执行效率，甚至影响业务目标。此时，只有回归业务与流程才能分辨雌雄。

因此，不同行业或不同规模的企业对流程的执行落地方式需求不同，应因事而异，因时而异，不能一味追求IT系统固化，否则只会是刻舟求剑，不明变通。

回归企业经营的本质，才是解决之道。不是所有流程都必须IT化，所有管理手段，都应简单实用，流程也不例外。**流程是否要IT化，要根据企业经营实际出发，以企业经营目标为导向，权衡利弊，以高效、灵活和务实为目的，才是流程落地良策。**

典型误区八：只有大企业才需要流程，小企业不需要流程

还有部分企业认为，只有大企业才需要流程，小企业必须追求灵活简单，不需要那么多"繁文缛节"，因此不需要流程。显然，这也是一种误区。

企业是否需要流程，并非完全取决于企业的大小，而是跟企业的业务息息相关，比如下面这个例子。

有一家从事建筑工程安装施工项目的企业，员工人数不到100人。该企业认为员工人数少且管理者都是行业的"行家里手"，不需要专门建流程。2019年，该企业业绩下滑，公司员工也出现较大变动。2020年，该企业业务回升，但出现多起质量事故，其中包含一起人身安全事故，给企业带来巨大损失。

随后，该企业通过调研分析，找到了发生质量事故的根本原因：（1）交付项目缺乏规范的交付流程；（2）员工缺乏施工经验；（3）员工施工安全意识淡薄；（4）施工交付项目缺乏项目管控。最终该企业梳理建设

了工程项目交付流程，对新员工进行工程施工交付流程培训，让新员工快速上手。同时，开展流程执行监督保障，严守流程中各个重要关卡，从根本上杜绝了重大事故的发生。

以上案例说明两点：

第一，**流程能有效控制风险**。流程有助于企业业务的管理，保障业务标准化运行，控制准入条件，把控过程关键点，起到了降低企业经营风险的效果。

第二，**流程是新员工的成长利器**。企业将业务显性化，将业务开展经验总结成标准化、规范化的流程，不仅让新员工能够快速进入角色，同时业务经验得以传承。

所以，流程不是大企业的独享专利。即使是小企业，流程也能带来大用处。

在流程管理咨询过程中，我发现以上八大典型的流程使用误区，影响和制约了流程在企业中的价值发挥。企业只有走出误区，系统全面地认识和理解流程，才能收获流程带来的巨大价值。当然，企业要想获得流程带来的收益，离不开一个目标清晰、系统全面的流程规划。

第二章

流程规划：主干稳定，末端灵活

不谋万世者，不足以谋一时；不谋全局者，不足以谋一域。流程规划是构建企业最佳实践的"谋"，所谓谋定而后动，一个好的规划是成功的一半。

流程规划本质是解决流程为什么做、做什么和怎么做的问题，是流程建设、推行、运营和优化的根基。流程规划，是基于业务的系统化布局。缺少流程规划的企业，在流程建设中常处于被动局面：头痛医头，脚痛医脚，常以一种打补丁式的方式来建设流程。

与很多企业不同的是，华为架构了"主干稳定，末端灵活"的流程系统，通过在流程架构上的持续优化和改进，铸就了世界领先的流程化运营体系；把监督、内控、合规、信息化、数字化系统地集成在流程化的运营体系之上，值得其他企业借鉴。

流程规划的四大触发机制

在对 50 多家中小企业的调研中,我得到一组惊人的数据——仅有不到五分之一的企业做过流程规划。在这些企业中,甚至有不少管理者没有搞清楚为什么要做流程规划,以及应该什么时机做流程规划。

流程规划是流程建设的整体布局。如同建房子一样,先要搭框架,然后在框架下铺地板、砌砖筑墙、做装修。流程规划作为流程建设的第一步,至关重要。只有正确地规划,才能让流程建设不偏离轨道,让流程赋能业务,从而提升企业经营能力。

但是,凡有果必有因,流程规划不是突如其来的凭空设想。流程规划也有由头,这个由头就是流程规划的需求。通常触发流程规划的需求分为内部需求和外部需求。内部需求包括战略需求、业务需求和组织需求;外部需求为客户需求,如图 2-1 所示。

图 2-1 流程规划的四大触发要素

触发企业流程规划的往往是企业面临的时间或机遇。只有把握流程规划的时机，才能带来事半功倍的效果。流程规划的时机包括客户触发、战略触发、业务触发和组织触发。

客户触发

第一个触发条件是客户需求，我们称之为客户触发。我们知道，企业经营的目的是为客户服务。在很多情况下，流程规划的触发来源于外部的客户需求，这种触发条件最容易获得企业足够的重视。如华为基于"铁三角"运作模式的LTC流程规划就是来源于最直接的客户满意度。

2006年8月，华为北非地区苏丹代表处通过两个月的努力，换来的不是移动通信网络项目成功中标的消息，而是投标失败的通知书。这证明客户对苏丹代表处提交的投标方案不认可。为此，苏丹代表处进行了一次投标失败的总结分析会。

第一，在投标项目中，部门各自为政，缺乏充分有效的信息沟通与共享机制，导致不同部门对客户的承诺出现了不一致的情况，影响了客户的观感和选择。

第二，与客户接洽的不同部门人员没能有效沟通协调，各自为政，缺少整体视野，导致在满足客户需求、解决问题和交付能力等方面不尽如人意。

第三，成员缺乏敏感性和主动性，不能及时主动地分析、把客户深层次的需求和变化，只是被动响应，因而没能优化客户的产品和服务体验，无法建立竞争优势。

基于失利的教训，华为苏丹代表处以 AR（Account Responsibility，客户经理）、SR（Solution Responsibility，产品/服务解决方案经理）、FR（Full Responsibility，交付管理和订单履行经理）为项目核心，建构出一个面对面、主动对接客户、聚焦项目、快速反馈和响应的一线作战单元，从而更深入精准地理解把握了客户需求。这种项目核心管理团队的组织模式被形象地称为"铁三角"。

这一变革取得了立竿见影的效果。2007 年，凭借"铁三角"模式，该办事处成功获得了苏丹电信在塞内加尔的移动通信网络项目。之后，华为公司从 2007 年开展了一场轰轰烈烈的 LTC 流程变革。2009 年，任正非发表了著名的内部讲话"谁来呼唤炮火，应该让听得见炮声的人来决策"，对这场变革给予充分肯定，LTC 流程纳入华为流程规划体系，并持续优化。至今，华为基于"铁三角"模式的 LTC 流程持续支撑华为每年数千亿的销售额。

LTC 流程是一个从客户面触发的流程规划的典型案例。虽然有很多企业在问题发生后也做了详细的分析，但极少数人能走到推动流程变革这一步。更多的解决方法是不行就换一个"更厉害的人"上。于是当"更厉害的人"在场时，确实避免了老问题的发生，但"更厉害的人"走后，昨天的问题依旧会重复上演。

显然，采用换人的方式并非长久之计，企业要想从根本上避免损失和解决问题，就要对准客户需求，规划建立与客户需求匹配的流程体系。

战略触发

第二个触发条件是战略调整的需求，我们称之为战略触发。战略是企业经营组织活动的风向标，一切经营管理活动和管理资源都与战略紧密相关，流程也不例外。华为提出"力出一孔，利出一孔，19万人对准一个城墙口冲锋"并不是一句空话，是集所有资源于一个城墙口（ICT管道）上的战略聚焦点。其背后是技术、流程、组织、IT和人力等资源的落地支撑。换句话说，战略是企业所有管理资源的指挥棒。当战略发生变化时，对应的流程、组织和相关资源必须跟随战略的步伐，做出对应调整，才能保障战略目标的达成。华为终端2012年的战略调整就触发了流程规划。

2011年秋，余承东接手华为终端业务，担任终端公司的董事长兼总裁。2012年初余承东壮士断腕，砍掉了大量的运营商贴牌定制手机和非智能手机，将业务重心从2B转变为2C。华为终端的战略调整带来市场和客户的巨大变化，原有面向B端运营商客户的流程体系不能适应C端客户战略，因为B端客户市场和C端客户市场存在巨大差异。

首先，数量上的差异巨大。

2011年华为帮助全球310多家运营商客户提供端到端解决方案和服务。即使华为在全球运营商市场份额保持领先优势，但服务的运营商客户数量相对于消费者终端客户数量，仅为几十万分之一。数量上的巨大差异必然带来经营模式的差异，如营销模式、销售模式、服务模式等。

其次，客户需求差异巨大。

运营商定制手机多作为电信业务配套赠品，如充话费送手机、充流量送手机。

记得 10 年前，我在某运营商营业厅充了两年话费，营业人员送了我一部手机作为充话费赠品，结果一年时间不到，话费没有用完，手机却坏了。在这种场景下，运营商关心的是如何做好电信主营业务的销售；对于作为配套赠品的定制手机来说，他们只关心成本，而不是产品质量和用户体验。2007 年，我在华为终端做定制手机的时候，某型号的一部定制手机，净利润仅有 10 块钱。若长期保持这种成本低、利润低的模式，华为手机最终只能是低端手机的代名词，不可能实现企业与消费者的共赢。唯有把焦点放在最直接的终端消费者身上，这种局面才会被打破。

经营策略的改变，带来需求关注点的改变，因为用户的需求和痛点与运营商有本质的区别。作为手机厂商的华为终端关注焦点变成了用户的需求和痛点，诸如手机性能是否稳定、外观是否美观大方、存储容量是否足够大、拍照功能是否清晰真实等。由此，在华为终端总裁余承东的带领下，自主品牌的智能手机大获成功，即使在 2019 年 5 月 15 日美国将华为纳入限制实体清单的艰难处境下，华为智能手机出货总量仍达到 2.4 亿部，占 17.6% 的市场份额，稳居全球前二。其中 5G 手机市场份额居全球第一，消费者业务实现 4673.04 亿元的营收，占华为公司总营收的 54.4%（数据来源于华为 2019 年年报）。

华为自主品牌手机大获成功，原因有三：

第一，华为领军人在战略调整上的笃定。

第二，整体业务价值链运作体系的战略跟随。

第三，支撑资源体系的支持和保障。

其中，整体业务价值链运作体系的战略跟随，就是流程架构体系的跟随改变。面向消费者业务 2C 模式下的终端产品，要求开发周期要做到更短。在产品开发上，IPD 流程针对终端产品做了适配和优化；在销售模式上，为拓展代理渠道销售和终端零售销售，增加了 CHS（Channel Sales，渠道销售）流程和 Retail（Retail，零售）流程的架构零售流程的架构；同时，在产品上市前端与销售贯通上，调整后的流程规划如图 2-2 所示。

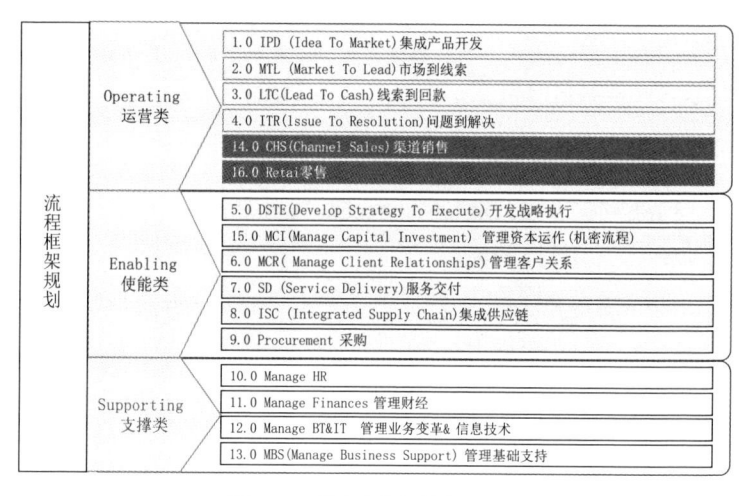

流程框架规划	Operating 运营类	1.0 IPD (Idea To Market) 集成产品开发
		2.0 MTL (Market To Lead) 市场到线索
		3.0 LTC (Lead To Cash) 线索到回款
		4.0 ITR (Issue To Resolution) 问题到解决
		14.0 CHS (Channel Sales) 渠道销售
		16.0 Retai 零售
	Enabling 使能类	5.0 DSTE (Develop Strategy To Execute) 开发战略执行
		15.0 MCI (Manage Capital Investment) 管理资本运作(机密流程)
		6.0 MCR (Manage Client Relationships) 管理客户关系
		7.0 SD (Service Delivery) 服务交付
		8.0 ISC (Integrated Supply Chain) 集成供应链
		9.0 Procurement 采购
	Supporting 支撑类	10.0 Manage HR
		11.0 Manage Finances 管理财经
		12.0 Manage BT&IT 管理业务变革& 信息技术
		13.0 MBS (Manage Business Support) 管理基础支持

图 2-2 战略变化新增流程规划

华为消费者业务流程规划的变化，是战略触发流程改变的典型案例。仍有不少业务模式变化时，没有调整流程规划来适配战略，而是直接将战略年度业务规划分解到组织，期望通过下层组织的自行规划来获得成功。结果事与愿违，各自为政的流程规划让业务执行重重受阻。

什么原因导致了这种现象？在流程咨询中，我们不难窥见其端倪，其关键原因有如下几方面。

第一，错误地认为流程与战略无关。

多数人认为流程和战略没有紧密关系，而战略只与组织有关，只要战略目标分派给组织，组织就一定能按照战略目标的要求达成目标。但是，在战略调整或新增业务的背景下，若是没有对齐战略的顶层流程规划架构，仅仅依靠各组织的各自发挥，流程架构即使成型，也无法实现业务的端到端贯通。没有贯通组织的执行流程，战略目标就无法达成。这正是很多企业的真实写照：年初制定战略"稳操胜券"，年底年终总结"束手无策"。

第二，错误地认为按照部门的规划方式最快。

让每个部门规划自己的流程，再将各个部门的流程拼凑成整体规划，很多人认为这是一种高效的方式。然而，快只是形式上。因为基于局部组织的架构拼凑，是只见树木，不见森林，难以避免遗漏。再者，跨组织的端到端流程运作，必然会涉及流程与流程之间的接口，部门墙的力量往往会导致流程接口问题频出，欲速则不达。

第三，错误地认为只要战略清楚，就无须流程规划。

有不少人认为流程规划不过是形式而已，只要做好战略规划，不做流程规划，同样可以做好业务。

一家营业额超10亿元的企业的总裁个人能力极强，熟悉公司大小业务，几乎所有业务流程都可以从他的大脑里找到答案。该企业从来没有做过流程规划，这位企业家认为，企业每年都在做战略规划和战略解码，对各个领域的业务模式已经很清楚了，没必要做流程规划。

在企业的经营业务中，部门的管理者经常找这位总裁请教——业务如何开展？人力和资源如何协调？经过多番"传经授道"之后，管理者们终于"搞懂"，这种情况成为这家企业的常态。

用"传经授道"的方式，代替以流程架构的作战布局，是很多企业的常态。企业采用自顶向下、层层传递沟通的方式解决如何执行业务的问题。然而,这种方式存在较多弊端。

首先,自行向下、层层传递的方式,导致沟通频繁,降低了企业运营效率。

其次,信息传递常因信息流通的渠道不同,衰减不同。对于通过人传递的沟通信息,由于传递链条上不同的人对信息的接受和理解程度不同,致使信息在传递的过程中衰减和变异。

事实上,一个显性化的流程规划,是业务运行模式的顶层设计。

第一,流程规划是企业业务的作战地图,可指导各业务单元和职能部门按照流程架构的路径开展业务;第二,流程规划布局,统一组织的业务语言,避免了鸡同鸭讲的问题,是企业各组织协同作战的指导方针;第三,流程规划,也是信息化、数字化规划的基础。

业务触发

第三个触发机制是业务变化的需求,我们称之为业务触发。即当业务模式发生变化时,应调整流程规划。我们在流程定位章节中提出,流程即业务的管道。简单说来,在流程管道健全的情况下,流程等同于业务。业务发生变化,流程也必然跟着变,否则流程就要拖业务的后腿,比如新的客户业务要求一周就要交货,结果按老流程只能两周交货,最终企业只会失去这一项目。

业务变化通常受两个因素的影响——外部因素和内部因素。

外部因素来源于客户和供应商,如果客户的业务模式发生调整,企业流程就要跟着客户的变化做出调整,因为端到端流程是从客户到客户的流程,客户是流程中最核心的因素,以客户为中心就要跟上客户的步伐，甚至要更进一步，帮助客户做出业务模式的改变，让客户获得更大的价值回报。客户业务模式的改变包括：销售模式、采购模式、服务模式等。比如，客户原采购模式是向供应商下单，现在改为招标采购。此时，如果企业的销售流程不随之调整，企业就无法获得订单。

另外，业务变化的外部因素不仅来源于客户，还来源于供应商，变化包含生产方式、物流配送方式等。因此企业必须重视供应商带来的改变，从流程上适配这种改变，才能避免变化带来的损失。华为视供应商为生态合作伙伴，将供应商作为流程中的关键因素，因为供应商同样是产品和解决方案的参与者和设计者。过去，我曾经与上百家供应商合作，其中多次遭遇核心物料供应商改变加工方式的情况，我不得不改变内部流程来消除这种影响。比如，你要做一份黑椒牛排，在正常情况下，你需要从超市购买小块牛排，但超市只提供大块牛肉，所以你不得不增加操作程序来切牛排。

业务变化的内部因素来源于企业内部，尤其是当经营不能满足企业内部的期望时，如提升效率、降低成本、缩短业务运作周期等。这类期望通常是产生流程变革的主要原因，因为现状与结果期望之间产生了差距，如图 2-3 所示，为了达成目标期望，就必须改变流程以提升业务流程运营效率，降低流程运营成本。

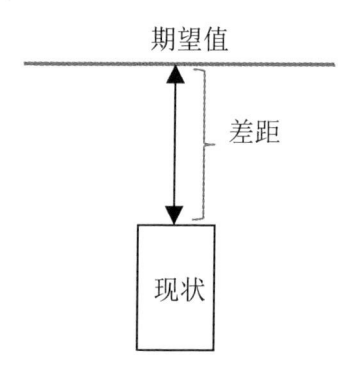

图 2-3　现状与期望的差距

可持续发展，走向规模化，与国际接轨，能与世界领先对手同台竞争——是任正非先生对公司的期望，正是这种现状与期望的差距，引发由内而外的流程变革，掀起了华为历史上一场场流程的成功变革。

1998 年，任正非在"不做昙花一现的英雄"的讲话中提到："外延的基础是内涵的做实，内涵的做实就是公司各级管理体系的不断优化。内涵的做实是管理中的根本点。我们正在引进西方的各种先进管理，要通过我们的消化来融会贯通。"也是这一年，华为开展了向 IBM 学习 IPD 流程体系的大变革。

由外而内的业务流程改变是一种以客户为中心的模式改变；由内而外的改变是一种不断修炼内功，提升自身实力的改变。无论是由外而内，还是由内而外的改变，都是正向驱动的动因。坚持实践，就会给企业带来实力和业绩的双丰收。

组织触发

第四个触发机制是组织需求，称为组织触发。流程与组织的关系，在具备流程的企业，根本逻辑在于流程决定组织。华为总裁任正非先生在 2003 年 5 月 26 日一次产品规划会议上提出：企业管理的目标是流程化的组织建设。

流程化的组织建设，是沿着业务流程的路径适配组织，让组织驱动流程运转，从而最终走向无为而治，华为一直都在朝着这个目标努力。只有打造流程型组织，企业才能走向无为而治的高级阶段。流程与组织的关系相互交织，极为紧密，正如龙舟赛的龙舟与赛手的关系一样，即使再好的龙舟，也要赛手齐心协力、步调一致地用力，才有可能获胜。反过来，即使再好的赛手也无法把一艘漏水的龙舟划向胜利的终点。

所以，流程和组织是一对共生体，二者互相影响且相互依存。流程决定组织，组织的变化反过来也影响流程。

2019 年初，我在给深圳一家智能产品解决方案公司（W 公司）做流程管理优化时，其中一项流程的规划就是基于组织变化的调整。W 公司 2018 年经营业绩增长了 30%，为了提高研发交付能力，2019 年研发人员较 2018 年增加了 40%，而在此之前，研发队伍中除了职能部门的管理者，还有数十名研发项目经理，产品研发交付由研发项目经理全程负责。其公司的研发流程涉及需求分析、产品立项、开发计划、产品开发、测试验证和转量产，如图 2-4 所示。

研发项目经理 ⇨ 需求分析 〉产品立项〉计划〉产品开发〉测试验证〉转量产

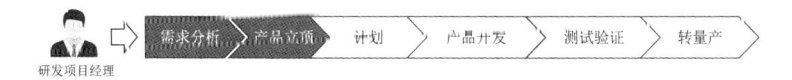

图 2-4　案例公司组织变化前的研发流程

经过深入调研之后，我们建议该企业从研发团队中抽调人员，组建专职的产品管理团队。由此，客户的产品需求就由新的产品管理团队来承接，同时新的产品管理团队负责研发产品立项管理。该企业的产品研发流程由两个团队共同参与：产品管理团队负责需求管理和立项管理；研发团队负责立项之后的产品开发计划、产品开发、测试验证和转生产量产，如图2-5所示。

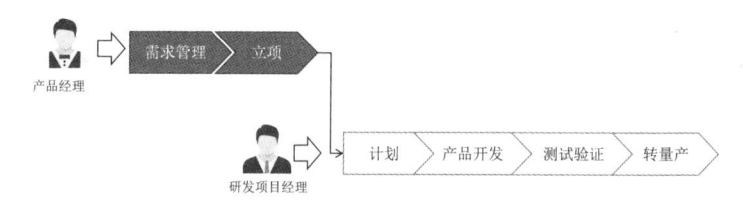

图2-5 案例公司组织变化后的研发流程

为什么要重新规划流程，并且还要增加一个产品管理组织来管理需求和立项，这不是增加了企业成本吗？

原因有三。

第一，原有流程让支撑组织的成员力不从心。

在原有流程下，研发团队的项目经理不仅要对外对接客户需求、分析和管理客户需求，还要对内组织各研发团队做产品开发，同时，还要有效地管控研发成本、进度和质量。调研时，其中几位项目经理曾反馈："每个研发项目经理都要负责十个以上的研发项目，简直分身乏术，如果出现的问题不是特别严重，根本无暇顾及。"因此，W公司需求遗漏、研发返工等事故频发，研发团队成了"救火队"。

第二，原有流程对支撑团队的能力素质要求过高。

在原有流程下，研发团队的项目经理必须具备与客户沟通的能力、需求挖掘、需求分析和需求管理的能力，以及项目管理和研发团队管理的能力。而具备以上能力的人，在很多公司早已不是项目经理了。这也是W公司在研发项目经理的招聘上陷入一将难求的窘境的原因所在。

第三，提升流程运行效率，降低运行成本。

将原有的一个流程规划为两个流程，降低业务的操作难度，同时降低流程对研发项目管理能力素质的依赖。流程变化之后，前端客户需求、产品立项由专职的产品管理团队负责，研发团队则聚焦于产品研发。2019年全年，W公司较2018年减少了60%的无效项目立项，研发返工率降低了32%，人均产出从2018年的156万元，提升到了2019年的201万元。W公司过去苦于少有项目经理能够胜任的问题也得到解决。

因此，组织作为流程运作的生命体，企业组织规模的改变致使流程与组织不匹配，必须调整流程，以解决二者的平衡关系。只有做到组织和流程的合理配置，才能获得运作机制的均衡，才能降低成本、提高效率、推动企业经营业绩增长。

以上四个触发因素，本质上就是流程建设的四个需求来源，任何流程变革都由一个"因"触发，而这个"因"就是流程规划的前提。**但需要注意的是，不是每个触发因素都会触发流程规划，只有在原有流程规划不足以支撑这种变化时，才会触发流程的重新规划。**

四个触发因素虽有共同性，但每个企业仍有不同，是分是合，必须与企业组织与业务情况相结合，才能发挥流程的最大价值。

流程规划的目标与原则

流程规划建设的四大目标

迈克尔·哈默博士总结出的企业提升核心竞争力的法宝，就是在业务流程上做得更多、更快、更好、更省。四者并不孤立存在，而是指比竞争对手更快、更省、更好。

在商业竞争中，成者为王，败者为寇，只有竞争胜出，才有生存机会。竞争的要义是什么？华为总裁任正非先生指出："竞争就是看谁的质量好、服务好、成本低。"质量好、服务好、运作成本低、优先满足客户需求是我们流程规划建设的四大目标。

在向 IBM 学习并建设 IPD 和 ISC 的基础上，坚定不移地依靠"质量好、服务好、运作成本低、优先满足客户需求"的竞争法宝，使华为在 ICT 通信行业的竞争之战中，赢得一场又一场胜利。端到端对准客户的流程体系，是华为"正确地做事"的又一法宝，华为流程建设对准客户，基于正确、快速、便宜和容易的四大流程目标挖掘流程建设需求，如图 2-6 所示。

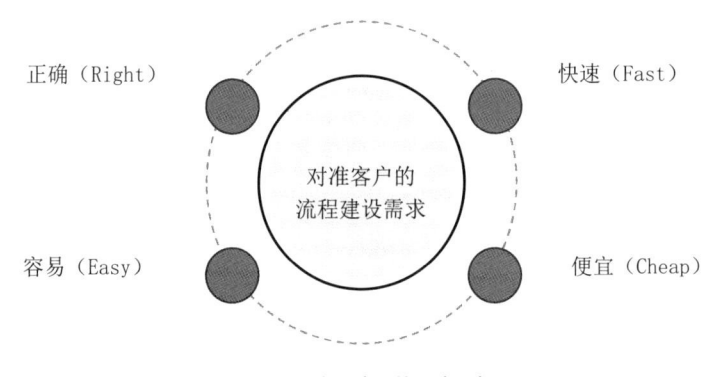

图 2-6　流程建设的四大目标

正确（Right）

正确，即流程向客户提供的产品和服务满足客户的需求，且质量好。包含三方面内容。

第一，流程建设应沿着客户价值链进行，对准客户价值创造场景。企业为客户提供的产品、服务或解决方案，是基于客户价值创造场景的需求产生，需要为客户解决问题，帮助客户在其企业价值链中创造价值。比如：华为帮助运营商在"5·12"地震中提供通信保障；帮助运营商在5G建设中实现绿色、低碳、环保；帮助千行百业实现数字化建设，提升客户运营效率和质量；等等。

第二，流程最终输出的产品、服务或解决方案，满足客户的要求。这一做法不仅体现在功能和性能上，还包含了质量、成本和效率。只有站在客户视角，才能为客户提供正确的产品、服务或解决方案。

第三，企业建设基于"一次把事情做对"流程运行体系。流程建设的正确性，不仅指结果上的正确，还要保障过程中的正确率，华为倡导的"一次把事情做对"，就是提高做事的正确率，华为把这一倡导融入流程和组织。在业务流程建设过程中，要保障流程的运行过程的正确性。当上一个环节的工作满足下一个环节的输入要求时，流程才允许进入下一个环节。这种做法有效地避免了存在缺陷或不足的上一个环节的产物流入下一个环节，对下一个环节的工作带来更大的影响。这一情况在面向终端客户提供终端产品的情况下更为突出。

一款手机的研发阶段存在软件漏洞，在研发阶段要处理掉这个漏洞只需要1分钟。但是，当这个漏洞被遗漏而流入测试环节时，要解决这个漏洞至少需要100分钟，因为在测试环节发现漏洞，就要研发人员修改软件版本后重新测试，至少浪费了一次软件版本全面测试的时间。当软件漏洞在测试环节未被发现时，问题便继续遗漏到生产环节。如果问题某一天被生产环节发现，要处理掉这个问题，需要花费超过30000分钟（按照28.5秒生产一部手机，一天24小时，10条生产线计算），还不包含投入返工的人力和资源浪费。如果继续发展，手机的软件漏洞遗留到市场的客户手上，将是整批次手机的质量问题，即使采用远程升级的方式，处理掉这个问题也要把所有手机升级一遍。这不仅浪费客户的时间，还有可能给终端客户带来其他损失。

然而，很多企业采用"多次把事情做对"的方式，只追求最终结果的正确，不追求过程的正确，容忍多次返工。比如，为了追求"快"，把上一个环节还没完成的产品或服务放到下一个环节，导致后续不断返工；在产品需求调研上，把最有能力的人才放在家里，前端派"小兵"上场，追求"需求反复沟通"。

综上，流程规划要充分考虑流程正确的目标。一方面，要从客户视角来看待流程输出结果的正确性；另一方面，要从保障流程运行中间过程的正确性来规划建设。简单来说，就是既要保障结果的正确性，也要提高流程中间过程的正确率。

快速（Fast）

快速，即追求客户获得的产品和服务相对于竞争对手更快，速度不是单一维度的快，而是发挥整体维度的速度优势。比如，华为在基于CRM+（客户关系管理体系）和IPD+（集成产品开发流程体系）两大业务流程体系开展的"五个一"工程不仅仅是提升产品和服务的交付速度，更是面向经营单元的解决方案集成变革，追求产品交付的整体效率的提高。

过去，华为在提升交付效率上采用追赶标杆的模式，当华为还没有成为业界标杆水平时，华为对标标杆企业，保持逐年提升的节奏追赶标杆。比如，要求各业务单元每年效率提升20%。当华为成为新的业界标杆时，要求各业务单元每年至少提升10%的效率。无论处于什么阶段，华为都会建立提升速度的年度目标，持续达成提升目标，从而降低企业的运营成本。

在激烈的市场竞争中，快鱼吃慢鱼，谁能更快，谁就能在竞争中获胜，谁就能分得市场蛋糕更大的份额。在面对众多的产品或服务的供应商中，客户更愿意选择能够快速提供产品或服务的企业。

流程要朝着快速的目标规划建设，要实现流程最终输出的快速。一方面，流程建设的路径要最短；另一方面，流程背后的资源要跟得上，即要为流程匹配最佳的资源，比如人力资源、IT系统支撑等。

便宜（Cheap）

便宜，即业务流程的运营结果是要为客户提供"低成本"的产品、服务或解决方案。低成本并非只是产品、服务或解决方案价格低，而是当客户在使用企业的产品、服务或解决方案时，客户获得的整个生命周期的成本最低。

在ICT领域，华为的通信产品价格并不低，但为什么客户还是争相购买华为产品？因为，华为的产品"质量好、服务好、成本低"。这好比在同等级汽车上，品牌汽车一定比非品牌汽车价格贵，部分非品牌汽车虽然价格低很多，但是，使用过程中的差异很大。非品牌汽车使用寿命短，且时不时就出现"状况"，经常需要维修。对于使用客户来说，购买非品牌汽车不仅要花费更多的维修和保养的费用，还因此投入更多的时间和精力，最后算下来，远比购买品牌汽车投入的成本高。

流程建设遵从便宜的目标，需要从以下三方面考虑。

第一，从外部客户来看，流程要能为客户提供整个生命周期更便宜的成本，就必须在效率、成本、质量上追求最佳平衡。比如，提升流程运营的效率、降低运营成本、提高流程输出的质量。因为客户也要追求投资回报率，客户在选择满足自身需求的产品或服务情况下，以最小的投入获得最大的收益。

第二，从内部运作来看，企业要求建设后的流程整体运营效率要更高,即使整体运营成本低。要做到整体运营成本低,也不能理解为整个流程运营的投入成本低,而是相对于流程产出来说,也就是在相同的流程产出情况下,企业的流程运营成本低。

第三,从流程建设投入视角来看,流程的整个生命周期成本要低。要做到这一点,需要系统而长远的规划流程,让流程建设有计划、分阶段、分步骤地逐步推进,并且流程能落地执行,达到预期效果。比如,华为在IPD、ISC、LTC这类主业务流程取得成功后,开展IFS(Integrated Financial Service,集成财经服务)的流程升级变革,就是有计划、分阶段、分步骤地投入流程建设。因为只有主业务流程跑顺畅了,成熟了,才能让IFS的财经系统获得更精准的业务数据,IFS财经变革才更加有效。

容易(Easy)

容易,即业务流程的运营简单灵活,客户接触点少、流程简单易用和灵活适配。

客户接触点少

客户接触点少是基于客户视角,本质上是让客户与企业做生意变得容易。客户是企业的唯一服务对象,客户与企业的接触点的多寡,是客户最直接的满意度体验,客户接触点越少,客户体验感越好。

流程建设必须减少客户接触点,减少客户的"麻烦",以提升客户满意度。但相反的是,在现实中,常有企业把客户拉进企业流程,客户被迫参与企业的流程运作过程,给客户带来极大的烦扰。

客户购买了一家企业的产品,使用一段时间之后不能正常使用,打电话给该企业客服,客服接到报修后,认为是技术问题,把保修单转给维修部,让客户跟踪维修部。经过维修部分析之后,发现是产品问题,于是又把保修单转给技术部门，同样又把客户转给技术部。客户被迫介入企业售后服务流程，让客户来跟踪流程运作的每一个环节，自此以后这位客户再也不购买该企业的产品了。如此流程，不满足容易的需求，即使内部流程设计得再简单，也没有对准客户对简单的需求，没有对准客户需求就是不符合需求。

流程简单易用

任何产品，只有做到足够简单，才具备普适性，流程也不例外。

首先，流程语言简单。流程符号是流程图的表达语言，简单的语言表达才具备良好的传播性。如采用过多且复杂的流程符号，必然降低流程的可读性，导致理解偏差，影响流程可执行性。

其次，流程文件标准规范。文件是流程承载数据、信息的载体，统一流程文件标准是流程简单易用的基础保障。标准不同，会导致理解不同，导致不能达到流程执行效果。

最后，流程运作简单。流程作为赋能业务，帮助业务创造价值，复杂的流程运作模式，必然导致流程成为运作者的负担，终将被抛弃。

在一家不过百人的企业中，拥有超过300个审批流程。因为该企业除了管理类的流程外，还有业务上的审批流程。其中，每个业务流程都要经过7个以上的审批流程，每个审批流程的审批节点也不少于10个。如此复杂的流程模式，不仅不能让业务快速通过，反而成为业务的负担。

灵活适配

很多人认为流程是固化的，无法做到灵活，实际上这是一个误区。流程具有固化的特征，也同样要做到灵活，即根据业务和资源的情况灵活地适配。在一定程度的固定基础上，对流程做一定程度的灵活适配，更能促进企业的发展。

比如，华为顶端流程相对固定，末端流程根据不同的地区、不同的业务单元，以及不同的组织和业务，灵活地适配，不要求固定和统一。同一类业务，华为在各地区部下的代表处可根据实际业务对流程进行设计。另外，在末端流程中，即使同一地区，不同业务也要根据实际灵活设计、适配组织和资源。

流程固化不要求所有流程都要固定和统一，采用因地制宜的适配方式，更能满足企业业务的实际需求在流程的最末端、变化情况最多、仅用一种固定的方式无法适配末端流程的复杂情况，如果采用统一固定的方式建设流程，必然导致流程制约业务。

当然，除了末端流程的灵活，还存在一种情况，就是业务的不确定性较高。此时，企业不能简单地采用统一固化所有流程的建设方式。固定与灵活应兼而有之，对于相对固定的流程部分，企业用固化的流程把相对稳定的业务运作方式固化下来；对于变化相对较多的业务，采用灵活设计流程的方式，让没有进入稳定状态的业务同样被对应配套的流程赋能。实际上，这种方式即遵循二八法则，将成熟稳定的业务放在固化的流程中，一部分非常规业务在常规流程之外运转。

综上，企业流程建设应对准客户，站在客户视角，围绕正确、快速、便宜和容易四大目标，从客户需求端出发，再回到满足客户的需求端，建设端到端的业务流程。

流程规划的六大原则

流程规划是企业流程的顶层设计，好比建筑一座大厦，要先做建设规划，流程建设也一样。如果流程规划不合理，最终的流程建设不仅浪费成本，还不能满足业务的需求，得不偿失。基于多年的企业流程建设实践，一个优秀的流程规划应满足流程规划的原则，本书的流程规划建设将基于以下六大原则展开。

以客户为中心，反映端到端业务

流程规划首要原则是围绕为客户创造价值的焦点，让规划设计的流程架构始终围绕客户，聚焦企业端到端价值创造的价值链，对准客户需求，形成从客户到客户的闭环，这就是以客户为中心。以客户为中心，不是放在公司最高层面的空话，而是对齐战略，对准客户，切切实实地以满足客户需求为终点，从这个终点倒过来设计架构。只有对准为客户服务的以终为始的规划流程，企业最终建设的流程才能把以客户为中心落地到流程的运营执行上。比如，华为的流程，所有创造价值的业务流程都是从客户到客户的端到端闭环。

主干稳定，末端灵活

为实现企业的整体协同作战，流程架构的主干设计应满足清晰、统一的架构模式。清晰表现为，流程架构的主干稳定对应企业战略，在企业战略末端产生重大变化的情况下，流程的主干应保持与战略对应，且不单独变化；统一表现为，流程架构高度提炼，统一描述企业整体的经营业务，即使在集团化运作的企业中也仍然能将企业价值创造过程包含在内。

然而，企业在经营业务的过程中，由于业务发生在不同地区和不同经营组织之间，必然存在业务经营的差异和变化，固定必然限制了对变化的适配性。所以，在统一流程架构主干的同时，还要兼顾业务的不同场景和不同资源背景。流程架构末端采用灵活适配的方式，解决了变化的特点。所谓末端灵活配置，即末端根据业务和资源特点采用末端组织自行定义的方式进行。比如，某企业的某国办事处,在遵循企业统一的客户拓展流程架构下,自行设计符合当地风俗礼仪的客户拜访流程。

华为 L1、L3 级顶端主干流程由集团统一制定,末端流程由区域制定,保障主干稳定。末端灵活分层做法,实际上既保证了企业的核心价值链的顶层统一,又保障了大企业能够像小企业一样简单灵活,快速反应。

自顶而下,避免遗漏

流程架构的关键在于反映企业的整体业务全局。企业在设计流程架构时,应遵循以自上而下为主,自下而上为辅的架构方式,全面覆盖企业的核心流程。

企业在流程规划建设中要避免流程遗漏。首先,自上而下地设计流程架构,即从全面到局部;其次,自下而上验证流程的完整性。两者相互结合,主次分明,相互补充,才能避免设计流程的遗漏。如果企业从 0 到 1 建设流程或再造流程,需与战略目标对齐,采取自顶向下架构为主的架构设计方式;若企业已经设计了流程架构,在开展局部流程优化的变革项目中,应以自下而上为主,自上而下为辅的方式开展流程优化工作。

反映业务对应的组织能力

无论是流程建设、流程推行,还是流程运营都离不开企业的组织。作为整体作战布局的流程架构,同样需要企业全体组织纵向联动,横向协同,共同参与来保障架构设计后建设的流程有效落地和赋能企业价值创造的经营过程。

因此,在流程架构中要明确企业各组织在流程架构中的位置、组织对应支撑的业务流程和组织与组织之间的业务流程关系。比如,销售团队对应企业的销售流程,研发团队应用产品研发流程,人力资源团队对应人力资源管理流程。研发团队为销售流程中的销售团队提供产品、技术服务或解决方案；人力资源团队为研发或销售团队提供对应专业的人才。

简单易懂

在企业管理中，无论以何种方式开展业务，都需要追求简单，简单才具有推广性。同样，流程架构也要追求简单易于理解，只有使用者理解了，才能使用好流程架构。

如何才能做到简单？首先，必须用简单直白的架构语言来描述流程架构，比如采用框图、箭头及通俗易懂的文字表达；其次，逻辑结构清晰，比如，先后关系、并列关系及递进关系等；最后，语言表达要精练，且不需要解释和翻译。比如，一家企业设计的流程架构图，必须通过培训和详细的讲解，大家才能理解表达的含义，这就不满足简单直白、易于理解的要求。

如果流程架构不能满足简单易懂的原则，则不仅很难推广应用，而且企业即使推广应用，也会付出高昂的成本来推行和不断地培训。

追求整体最优，而非局部最优

流程规划的优劣，不但影响流程建设、流程管理和流程优化的难易程度，还会影响流程效率，流程建设从业者们深知其重要性。但做好流程规划不是一件容易的事，必须从全局出发，不能只从分系统的局部出发，只有满足企业整体资源要素的均衡配置，才是流程整体最优的最佳保障。

下面这起案例，就是注重局部而忽略整体导致失败的情形。

2021年初，我受一家物联网企业的邀请，帮助该企业做流程优化项目。与该企业董事长见面时，该企业董事长的第一句话是："老师，我们公司去年每个部门的绩效都很好，但是公司整体的绩效都不好，请您多多帮忙啊！"看得出来，该企业董事长脸上带着些许自嘲的表情。

项目诊断调研就从该企业董事长的自嘲开始，据公司的项目接口人的反馈，企业在2019年统一优化过流程。从收集上来的流程图上证实了项目接口人的信息反馈：流程模板统一，流程符号统一，流程表达方式统一。但是，在查找了所有流程资料后，并没有发现有关流程规划的资料，经过多番周折，终于在项目接口人的努力下，从一位高管的电脑上找到了一张一级流程清单，值得怀疑的是该公司有没有做流程规划。虽然在调研过程中每位管理者都反馈说做过流程规划。后来，通过对业务梳理，结合各部门的流程情况，证实企业确实做过流程规划，但流程规划方法与常规规划方式存在较大差别——该企业流程规划是按部门规划流程的。

从该企业各部门的流程来看，规划得"很好"，不仅统一做了流程图的标准和规范，还为每个流程制定了流程绩效指标。但从业务结果来看，没有取得预期效果。经过诊断，流程问题与董事长描述结果吻合，表现在以下几个方面。

第一，流程规划从局部出发，忽略整体业务的贯通，业务出现脱节现象。

第二，出于局部规划，各部门组织之间出现严重的推诿现象。

第三，规划的流程未能完全覆盖业务，导致部分业务在流程体系外游离。

第四，流程与组织资源失衡，导致部分流程组织人力短缺，出现流程瓶颈。

类似的案例还有很多，一些企业虽然做了流程规划，但对流程规划方法理解不够深，规划过程又忽略关键因素的完整性，导致局部最优，但整体失衡，结果不达预期。

流程规划是整体最优的资源布局，而非局部最优。部门绩效结果最优,并不能代表公司整体绩效最优,如同个人绩效最优,并不代表部门绩效最优一样。要保障流程整体最优,流程规划必须从整体业务价值链上真实反映业务的本质,覆盖全业务,明确流程接口,匹配流程组织,以避免以偏概全、以点代面,仅获得局部最优,而丧失整体最优的局面出现。

"一梳三分"的端到端流程架构

对准流程规划建设的四大目标和遵循流程规划的六大原则,企业可以有效利用流程架构的四大步骤开展流程架构设计:梳理价值链、流程分类架构、流程分层架构和流程分级架构,如图2-7所示。

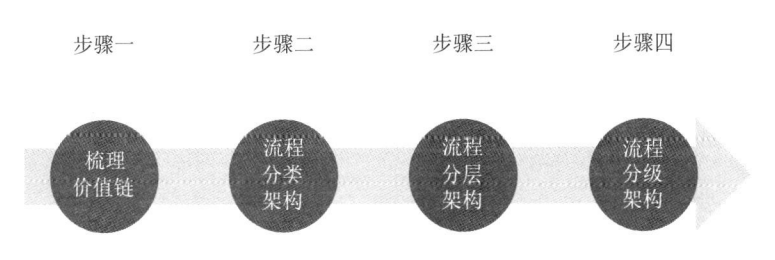

图2-7 流程架构设计步骤

步骤一:梳理价值链

产业价值链

分析价值链的目的是识别企业的顶层流程,在分析之前,除波特提出的企业价值链以外,还需要明确一个概念——产业价值链。

按照迈克尔·波特的理论,在产业竞争中,企业价值链附属于一个更庞大的体系之下，这个庞大的体系即产业价值链，如图 2-8 所示。价值体系包含满足企业价值链的上游供应商（提供价值链所需原料、零件、设备和采购等服务）、完成企业价值链活动的营销渠道与找到最后的客户。当然，由企业价值链提供的产品又成为客户所在价值链内的物料，并纳入客户的生产经营系统。

供应商价值链 → **企业价值链** → 营销渠道价值链 → 客户价值链

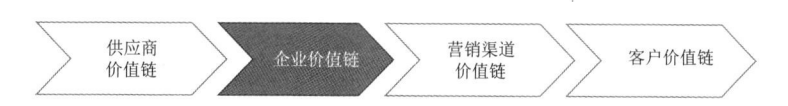

图 2-8　产业价值链

简单来说，当把企业价值链置于产业价值链中时，企业处于产业价值链的上下游关系中，企业价值链的输入源于上游供应商，经过企业价值链的创造，将产品或服务通过下一环节的营销渠道价值链，提供给下游客户价值链，完成企业价值创造过程，产业价值链的各环节如下。

上游供应商价值链：提供企业经营的原料，诸如为面粉加工企业提供小麦、为电信集成商提供各种通信设备、为家电维修公司提供家电配件等。

企业价值链：从事生产经营活动、诸如面粉生产、电信解决方案设计，维修服务等。

下游营销渠道价值链：建立营销渠道，连接企业与客户；诸如成品宣传、销售、推广等营销活动。

客户价值链：客户从企业购买产品或服务，并把产品或服务进行二次加工或集合成自己的产品或服务，再提供给其客户，从中创造价值的整个过程。诸如：把面粉卖给客户，客户把面粉加工成面包，提供给消费者；把通信产品提供给客户，客户把通信产品集成为一张通信网络，提供给通信用户使用等。

事实上，产业价值的价值流动过程与企业价值链内部的活动流动过程是一致的：将从上游价值链中获得的原料，提供给企业的加工活动（广义上的加工，不仅指生产），企业通过一系列的加工活动，把原料加工成成品，再把成品销售给客户。二者没有本质区别，只是前者处于整个产业链条，后者属于企业内部而已。

企业价值链

企业价值链由哈佛大学商学院教授迈克尔·波特在《竞争优势》一书中提出，波特认为："每一个企业都是在设计、生产、销售、发送和辅助其产品的过程中进行种种活动的集合体，所有这些活动可以用一个价值链来表明。"企业的价值创造是通过一系列活动构成的，这些活动为基本活动和支持活动，基本活动包括内部后勤、生产作业、外部后勤、市场和销售、服务等；而支持活动则包括采购、技术开发、人力资源管理和企业基础设施等。这些互不相同但又相互关联的生产经营活动，构成了一个创造价值的动态过程，即企业价值链。如图2-9所示。

```
            ┌─────────────────────────────────────┐
            │    企业基础设施(财务、计划等)         │
   支       ├─────────────────────────────────────┤  边
   持       │         人力资源管理                 │
   性       ├─────────────────────────────────────┤  际
   活       │         研究与开发                   │
   动       ├─────────────────────────────────────┤  利
            │             采购                     │
            ├──────┬──────┬──────┬──────┬─────────┤  润
            │ 进料 │      │ 发货 │      │  售后   │
            │ 后勤 │ 生产 │ 后勤 │ 销售 │  服务   │
            └──────┴──────┴──────┴──────┴─────────┘
                        基本活动
```

图 2-9 波特企业价值链

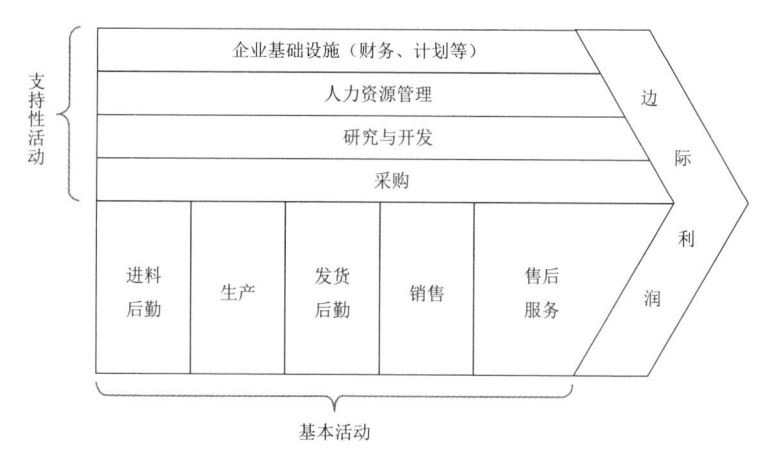

如图 2-9 波特企业价值链中,企业的价值活动被分为基本活动和支持性活动。

其中企业的基本活动由企业为客户提供的产品或服务的原材料采购、加工、物流、销售和售后服务等直接活动构成,在价值链中,它们是直接创造价值的活动。比如你花费 20 元,以 2 元/斤的价格购买了 10 斤面粉(采购原材料),然后把 10 斤面粉加工成 150 个馒头(加工活动),以 1 元/个的价格销售出去(销售活动),你获得了 150 元的销售额,你通过价值链中的原材料采购、加工、销售等活动,从 20 元成本到获得 150 元的销售额,实现了 130 元的增值。这些直接相关的活动就是价值链中的基本活动。

企业的支持活动,即支持生产经营的支持性活动,包括人力资源管理、团队管理、研究与开发(非生产)和采购管理。仍以加工馒头为例:其中的采购面粉环节、做馒头技术研究、组织人力分工等属于支持性活动。

从波特的企业价值链理论来看,无论是基本活动,还是支持活动,都是一组一系列相互关联的活动。业务流程同样也是由一系列相互作用、相互关联的活动构成,尤其是业务流程更体现了这一价值创造过程。从这个意义上看,流程是企业价值链中的基本增值活动和支持性活动,规划流程的核心在于,从企业价值链中找到并识别出这些流程关键活动,并建立流程之间的关系。

流程价值链

在企业内部,企业增值的核心业务是生产经营环节的活动,即波特价值链中的基本活动,如材料供应、成品开发、生产运行(对于服务型企业而言,生产为企业创造价值的服务)、成品储运、市场营销和售后服务。这些活动就是企业经营的业务,流程的本质是业务,所以一系列创造价值的流程被称为流程价值链。

流程价值链、企业价值链、产业价值链三者的关系,如图 2-10 所示。

产业价值链	供应商价值链	企业价值链	营销渠道价值链	客户价值链

企业价值链	研发	物料采购	生产	销售	售后服务

流程价值链	物料准备	加工	组装	包装	入库

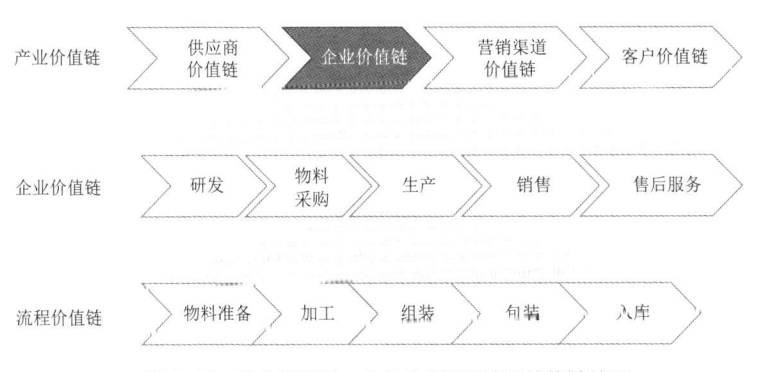

图 2-10 产业价值链、企业价值链和流程价值链关系

从产业价值链来看,客户处于产业价值链的下游环节,并没有在企业内部价值链中,如何体现"以客户为中心的端到端",建立从客户到客户的端到端呢?

我们通过端到端的流程价值链可以看出，端到端强调的是从客户中来到客户中去的双向联动。从客户中来，来的是客户的需求和痛点，去的是为客户提供问题的解决方案。流程价值链是一系列端到端为客户创造价值的活动集合，企业通过价值流为客户和企业创造有价值的输出结果。这些创造价值的活动集合，包含了增值活动和非增值活动，所有活动都是为最终的价值输出结果服务。体现企业为客户创造价值的价值变化过程，是企业价值链的组成部分，是价值创造过程的高阶描述。流程价值链中包含了一系列的价值流。

产品研发、产品生产、产品销售即常见的价值观。企业通过产品研发价值流活动，把市场客户的需求开发设计成具备一定功能和特性的产品和服务，以满足客户需求，实现产品的价值创造；通过产品生产价值流活动，把零散的物料加工成成品，实现原材料价值增值；通过把具备一定功能的产品和服务销售给客户，企业实现产品推向市场的价值增值，客户利用企业产品和服务实现自身价值需求的创造。

价值流这条暗线仍存在于产业价值链的企业中，是实现企业价值创造的双向闭环，如图 2-11 所示。

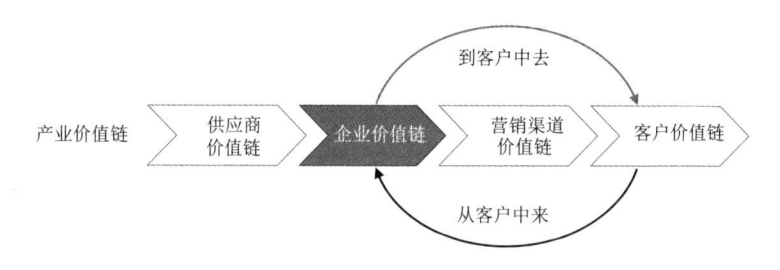

图 2-11　企业价值链的端到端

步骤二：流程分类架构

梳理流程分类的前提是了解业务分类，业务分类包括价值类业务和支持类业务。从流程的不同视角可衍生出很多种流程架构的分类方法，其中常用的分类方法有 PCF 分类法、POS 分类法和 OES 分类法。接下来，我们用 APQC（American Productivity and Quality Center，美国生产力与质量中心）的 13 个业务流程为例，如表 2-1 所示，分别用三种分类方法给业务流程分类。

表 2-1　案例企业核心流程

流程编号	流程名称
1	制定愿景与战略
2	开发管理产品和服务
3	市场营销产品和服务
4	管理供应链及成品
5	支付服务
6	管理客户服务
7	开发和管理人力资源
8	管理信息技术（IT）
9	管理财务资源
10	收购、构建和管理资产
11	管理企业奉献、合规性、补救和恢复能力
12	管理外部关系
13	开发和管理业务

PCF 分类法

跨行业流程分类架构（Process Classification Framework，PCF）

是跨职能业务流程的分类法，可对组织内部和组织之间的绩效进行客观的比较，适用于高层次、行业中立的企业流程分类。该架构已被全球数以千计的企业组织创造性地运用了超过 20 年。APQC 将 13 个常用流程按 PCF 分类架构分类，如图 2-12 所示。

运营流程

- 1.0 构建愿景和战略
- 2.0 开发和管理产品与服务
- 3.0 销售和售卖产品与服务
- 4.0 交付实物产品
- 5.0 交付服务
- 6.0 管理客户服务

管理和支持流程

- 7.0 开发和管理人力成本
- 8.0 管理信息技术
- 9.0 管理财务资源
- 10.0 获取、建造和管理资产
- 11.0 管理企业风险、合规、整治和持续性
- 12.0 管理外部关系
- 13.0 开发和管理业务能力

图 2-12 常用 PCF 流程分类架构图

PCF 流程分类架构，是基于波特企业价值链定义下的分类法，将企业内的经营活动分为两类：运营流程、管理和支持流程，分别对应波特企业价值链终端基本活动和支持性活动。

POS 分类法

POS（Plan Operating Support）分类法，简言之，即战略流程、执行流程与支持流程分类法，我们以表 2-1 所示的 13 个流程为例，按照 POS 分类法分类如下，如图 2-13 所示。

POS 流程分类框架	Plan 战略规划类	1.0 制定愿景与战略
		11.0 管理企业奉献、合规性、补救和恢复能力
	Operating 运营类	2.0 开发管理产品和服务
		3.0 市场营销产品和服务
		4.0 管理供应链及成品
		5.0 交付服务
		6.0 管理客户服务
		10.0 收购、构建和管理资产
	Supporting 支撑类	7.0 开发和管理人力资源
		8.0 管理信息技术(IT)
		9.0 管理财务资源
		12.0 管理外部关系
		13.0 开发和管理业务

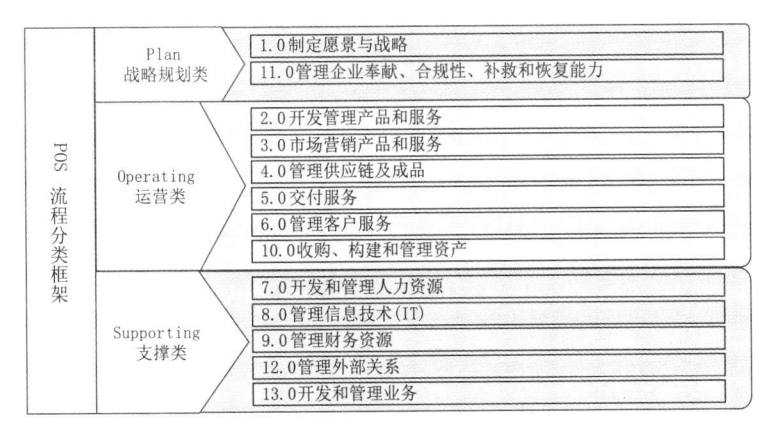

图 2-13 常用 POS 流程分类架构图

POS 分类法在企业中较为常用。其逻辑是企业经营先明确方向——战略类流程，再拥有人与战略需要的资源——支撑类流程，然后人与资源在战略方向下实施具体业务——执行类流程。POS 分类法即基于规划、运营和支撑这三个维度来划分，其特点如下。

战略规划类流程：属于公司整体目标、文化、社会遵从度等方向性流程类别。

运营类流程：在规划类流程的方向下，运营实施类流程，企业通过此类流程的执行落地，达成企业整体战略目标。

支撑类流程：此类流程是为执行类流程提供人力、资金、IT 技术、内外部环境等资源的支撑型流程。

需要注意的是，不同企业的业务不同，流程的内涵和资源也不相同，以上POS的分类划分案例流程，不可一概而论。

OES分类法

OES（Operating Enabling Support）分类法，简言之，即运营流程、使能流程与支持流程分类法。仍以表2-1中13个流程为例，用OES分类法进行分类，如图2-14所示。

OES流程分类框架	Operating 运营类	2.0 开发管理产品和服务
		3.0 市场营销产品和服务
		6.0 管理客户服务
	Enabling 使能类	1.0 制定愿景与战略
		5.0 交付服务
		4.0 管理供应链及成品
		10.0 收购、构建和管理资产
		12.0 管理外部关系
	Supporting 支持类	7.0 开发和管理人力资源
		8.0 管理信息技术（IT）
		9.0 管理财务资源
		13.0 开发和管理业务

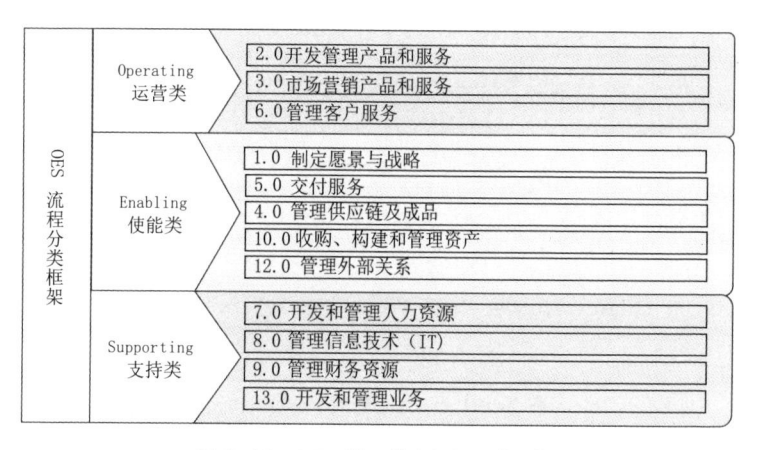

图2-14 OES流程分类架构图（例）

华为流程分类采用OES分类法，此分类法的特点是从客户接触面来划分流程：直接接触、间接接触和不接触。OES分类法中各类流程特点如下所示。

运营类流程： 直接与客户产生接触，为客户创造价值的流程。如基于客户需求的开发产品流程、基于客户需求的产品销售和产品交付流程、基于客户需求的服务流程等。

使能类流程： 通过运营流程间接为客户创造价值的流程，是运营类流程的赋能流程。如生产企业的原材料采购流程（使能类流程），不仅为产品开发流程（运营类流程）提供原材料支持，还为市场营销（运营类流程）提供营销物料支持；供应链流程（使能类流程）为销售流程（运营类流程）提供订单交付支持。

支持类流程： 此类流程为公司基础流程，是为运营类流程、使能类流程提供人力、资金、技术及内外部环境等资源的支撑性流程。如人力资源管理流程、财务管理流程、信息技术管理流程等。同时，支持类流程是保障企业运营质量、效率、风险的基础保障流程。

采用 OES 分类法，至少有四种优势：

第一，聚焦面向客户的价值创造业务，有利于以客户为中心的流程落地。

第二，聚焦战略执行，有利于企业架构端到端的流程体系建设。

第三，有利于企业能力体系的构建，分类提升企业组织能力。

第四，有利于建设"让听得见炮声的人来呼唤炮火"的运营体系。

总之，企业无论采用何种分类方法，都应充分结合企业战略、行业特征、组织能力及企业资源等关键因素。充分考虑流程及流程背后的资源，让架构发挥流程最佳效能。

步骤三：流程分层架构

根据波特企业价值链理论，APQC 基于自顶向下的流程架构方法，将企业流程架构分为基本的五层，分别为 L1——价值链层、L2——业务域层、L3——逻辑关系层、L4——流程活动层、L5——流程任务层，如图 2-15 所示。

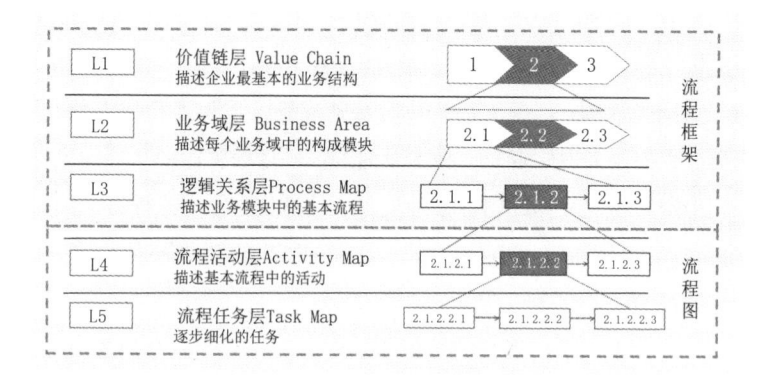

图 2-15 APQC 流程分层架构

L1——价值链层： 描述企业基本业务结构，表现企业价值链中的一系列基本活动，通过企业基本活动实现企业价值的增值，属于战略的核心业务活动，如材料供应、成品开发、生产运行、成品储运、市场营销和售后服务。L1 回答 why to do（为什么要做）的问题。

L2——业务域层： 描述业务结构下的构成模块，代表一个领域内的流程构成，如成品开发下的构成模块。L2 回答 what to do（做什么）的问题。

L3——逻辑关系层： 描述业务结构构成模块之间输入、流程和输出关系，即业务模块的流程，如成品开发中的外观结构开发流程。L3 层回答 how to do（怎么做）的问题。

L4——流程活动层： 描述 L3 的流程逻辑关系，在企业实践中通常为可操作的流程活动，L4 进一步回答 how to do（怎么做）的问题。

L5——流程任务层： 描述 L4 的流程活动，通常为流程活动下的具体工作任务，比如召开会议活动时，参会人员的铭牌摆放的 SOP。

需要特别注意的是，基于 APQC 流程的分层结构是一个参考模型，不同的企业的流程分层应具体依据企业经营的业务、规模和复杂程度而定。

对于业务规模较大的企业，可以严格按照分层架构的分类逐层向下分类。如华为流程架构分层至 6 层，从 L1 分解到 L6，从上到下分别为 L1 流程分类、L2 流程组、L3 流程、L4 子流程、L5 流程活动、L6 任务，如图 2-16 所示。

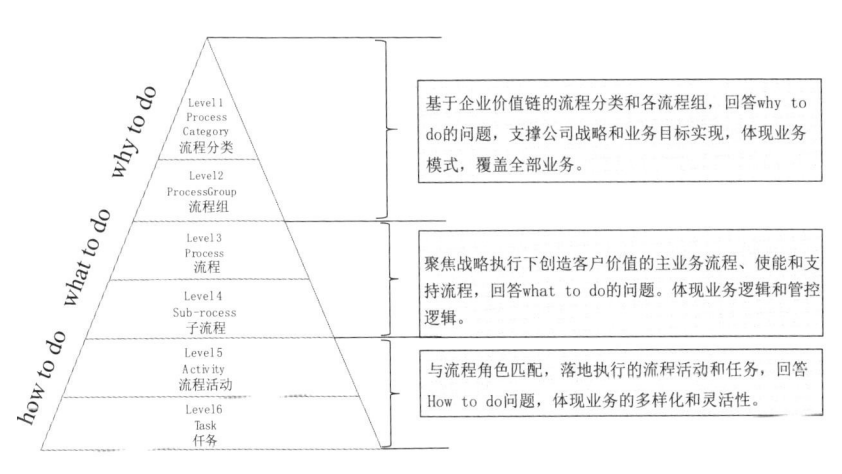

```
                    why to do
            Level 1
           Process
          Category           基于企业价值链的流程分类和各流程组，回答 why to
          流程分类             do 的问题，支持公司战略和业务目标实现，体现业务
                              模式，覆盖全部业务。
           Level 2
        ProcessGroup
          流程组
    what to do
           Level 3
           Process            聚焦战略执行下创造客户价值的主业务流程、使能和支
            流程              持流程，回答 what to do 的问题。体现业务逻辑和管控
                              逻辑。
           Level 4
         Sub-rocess
           子流程
    how to do
           Level 5
           Activity           与流程角色匹配，落地执行的流程活动和任务，回答
          流程活动            How to do 问题，体现业务的多样化和灵活性。
           Level 6
            Task
            任务
```

图 2-16　华为公司的流程分层结构

L1 对应企业价值链的价值创造流程；L2 对应价值创造流程的业务流程组；L3 对应 L2 流程组的主业务流程、使能和支撑流程，体现业务逻辑和管控要求；L4 为 L3 流程的子流程；L5、L6 匹配到流程角色，对应落地执行的流程活动和任务。在华为，L3 及以上的流程由集团统一管理和制定，不允许随意更改；各地区仅能在公司批准的情况下，在 L4 流程上做本地业务的适配；对 L5、L6 流程，各地区下属的代表处可根据实际业务进行调整和适配。

对于业务规模较小的企业，不可僵化式地分层，应根据企业自身特征灵活应用。比如，某食品企业，企业人数为 1000 人，销售人员和生产人员占比 80%，研发人员仅 5%。若僵化地将企业的流程分为相同的层次（如均为 4 层），必然导致部分流程在不同业务领域的不平衡，生产领域分级不够，研发领域分级过多的局面。

步骤四：流程分级架构

流程分级架构是在流程分层结构的逻辑基础上逐层展开的，是一一细化流程清单的过程。其目的是按照层次输出各层级的流程清单，从而获得整个企业的流程清单，以评估流程建设的规模。同时，避免流程建设出现遗漏。

分级架构从企业一级流程开始向下分解流程，将一级流程分解为各个二级流程，再将各二级流程分解为三级流程，依此类推，直至分解至流程的活动。比如，A 企业流程（销售流程）分级架构如图 2-17 所示。

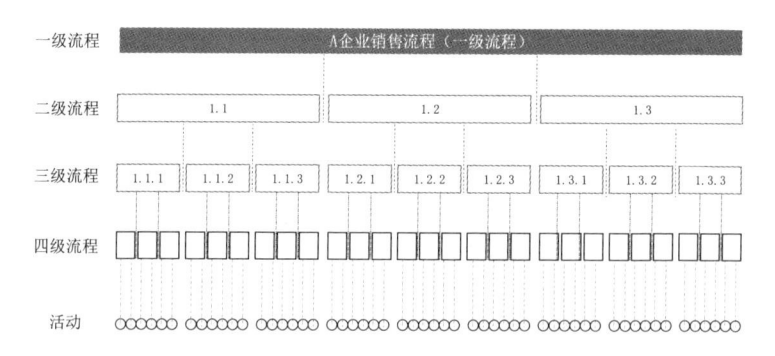

图 2-17　A 企业流程分级架构

经过以上流程分级架构，我们可以清楚地看到，A 企业销售流程（一级）的分级构成：流程执行层面由 27 个四级流程构成，也就意味着流程设计时，需要设计出 27 个可执行的流程文件。

虽然流程分级架构给我们提供了一种参考模式和方法，但是在实际操作中，企业流程分级应充分结合企业自身业务、规模、组织能力，以及资源匹配情况来匹配。既要避免分级过深，造成流程臃肿，影响业务效率；又要避免分级过浅，流程浅尝辄止，不能发挥流程作用。

一家从事产品研发、生产、销售的企业，员工人数为 2200 人，其中销售团队 100 人，研发团队 300 人，供应链及生产团队 1500 人，平台支撑团队 300 人。该企业销售团队严格按照五级分层，将销售流程（一级流程）逐层分解后，形成了五级流程清单共计 300 个流程。这导致仅 100 人销售团队，不得不为了流程花费很多时间和精力，销售受困于流程，谈流程色变。相反，拥有 1500 人的供应链及生产团队的工作经过流程分级梳理后，梳理形成四级流程清单，只有 100 个流程。由于流程未逐步细化，供应链及生产团队存在很多例外的情况没有归纳进流程，导致生产交付事故频出。

上述案例可见，销售团队仅有 100 多人，却把流程细化到五级，产生 300 多个流程，致使流程成为团队的负担，属于流程建设过度的情况；相反，拥有 1500 人的供应链团队，本应将流程细化到五级，以保证业务执行的颗粒度，但又仅仅细化到四级，只有 100 多个流程，细化不够，致使诸多业务处于流程体外，未被流程管理，从而导致生产事故频出。由此可见，流程分级管理中，分级过深或过浅都会给企业带来不利的影响。

流程架构以"一梳三分"的架构方法，既承接了企业战略，又保障企业流程建设具备稳定架构主干。如同建一栋房子一样，流程架构是保障流程完全、稳固和高效的基础。

第三章

流程建设：对准客户价值链建设业务流程

一家企业，到底能不能为客户创造价值，能为客户创造多大价值，取决于企业具备什么样的能力，流程建设的本质就是提升企业创造价值的能力。如果企业深谙此道，定会把流程能力作为企业的核心能力来建设。

要建立长期稳定、为客户持续创造价值的流程核心能力，必须以客户需求为导向，以客户为中心。部分企业宣称自己始终以客户为中心，实际上，这仅是口号上的宣告，并没有落到执行层面。真正的"以客户为中心"是从骨子里透出来的：企业的每一个毛孔，每一个细胞都时刻散发出一切为客户着想，一切为客户创造价值的气氛。

要做到这一点，其实不简单。只有让执行层面时刻对准客户，聚焦客户价值，以客户需求为主线，企业的流程体系才能由内而外地体现以客户为中心。在激烈的市场竞争中，以客户为中心从来不是一句"假、大、空"的口号，谁能真正为客户创造价值，谁就能在竞争中脱颖而出。

华为以客户为中心的流程运营体系，是把以客户为中心的经营理念和思想融入端到端的流程执行，贯通业务，匹配能力，拉通组织。客户无论从哪一个流程接触点，都能深刻感知"以客户为中心"的优质体验。本章以流程建设的"四阶十二步"法展开，详细阐述以客户为中心的流程建设之法，如图3-1所示。

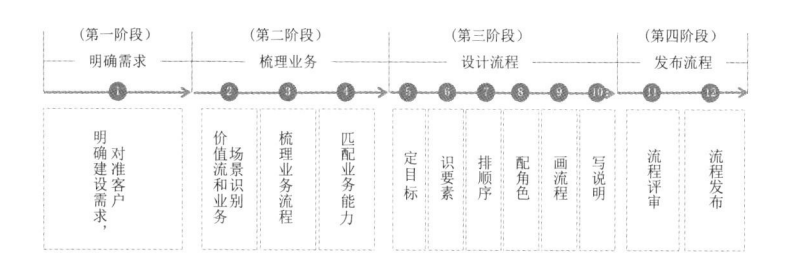

图 3-1 流程建设的"四阶十二步"法

明确需求：对准客户，倒过来梳理流程需求

企业要想建好流程，必须以终为始，明确流程建设目标。唯有抓住客户的需求，才能明确流程的目标。抓住客户需求的前提是搞清楚谁是流程的客户，流程为谁创造价值，流程为谁提供支持和赋能，也就是流程为谁服务，为谁所用。无论是企业外部客户，还是流程内部客户，或流程输入的提供者，都是流程建设目标需要关注的对象。

对准客户，明确流程建设需求

流程和产品拥有一样的属性。流程建设过程实际上如同产品开发的过程一样。开发这款产品之前，首先要解决的问题是这款"产品"的客户是谁，需求是什么。

华为在需求管理流程中对需求做出了简单明了的定义：需求 =

需+求。"需"即客户的痛点，是客户遇到的问题；"求"即解决客户痛点的解决方案。通俗地讲，需求＝问题+解决方案。挖掘客户需求的过程就是从客户问题和痛点出发找解决方案的过程。例如，病人头痛。需求就是解决病人的头痛问题，病人的头痛是"需"，医生找到病因后开出的处方是"求"。只有需和求匹配，才能解决病人的头痛问题。如果病人由感冒引起头痛，医生仅因"象"开出配方，不管病人真实的病因，只管给病人开止痛药，病人吃了止痛药，虽然头痛得到暂时的缓解和抑制，但不久又复发，这实际上病根未除，治标不治本，并非真正意义上的"求"。这显然没有满足病人的需求。

华为在挖掘客户需求痛点的时候，所用的方法其实和中医诊断分析的过程一样，采用十六个字方针总结："去粗取精，去伪存真，由此及彼，由表及里。"同样，华为的需求管理流程也与中医诊断流程一样：先通过"望、闻、问、切"收集病症（收集需求）；然后，由表及里地分析诊断（需求分析）；再根据分析结果，开具处方、据方抓药、病人用药（需求实现）；最后询问病情效果（需求验证）的四步流程。通过需求管理的四步流程，准确识别和管理客户需求。

但是，在抓客户需求之前，还有更重要的一件事，就是找准客户。因为，一款产品，如果不能对准客户群，挖掘客户的需求，就无法成为客户愿意买单的好产品。如果找不准客户，即使做出来的产品如何"杰出"和"优秀"，也只能是牛头不对马嘴的"废品"，成不了好产品。为避免把流程这款产品做成"废品"，流程建设的首要任务是准确识别客户。

流程的客户和做产品一样，客户包含外部客户和内部客户。外部客户是企业的最终客户，内部客户是流程的建设者、执行者、管理者和IT固化的设计者。如图3-2所示。

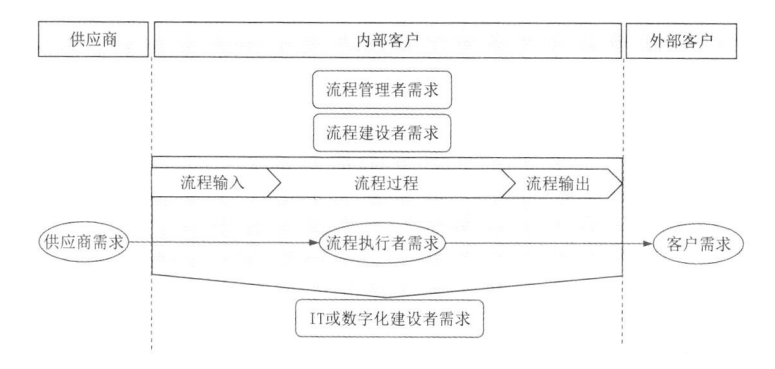

```
供应商 | 内部客户 | 外部客户
          流程管理者需求
          流程建设者需求
   流程输入 〉 流程过程 〉 流程输出
供应商需求 ——  流程执行者需求  —— 客户需求
          IT或数字化建设者需求
```

图 3-2　流程建设的客户

找到流程的客户之后，如何挖掘流程客户的需求？

第一，对准端到端流程的外部客户的需求。

所谓外部客户就是流程下游的客户。外部客户是流程价值创造的服务对象。毫无疑问，企业外部客户是流程最重要的末端客户。

华为总裁任正非先生在多次讲话中说道："客户永远是企业之魂，我们一定要记住客户的需求就是我们产品发展导向，我们发展企业的目的是什么？就是为客户服务。"流程是为客户创造产品和服务的运作体系，建设流程的目的就是对准客户和客户需求。流程建设的首要客户就是企业的最终客户。

有不少企业在做流程建设时，对准的不是企业的客户，而是企业的老板。在他们眼里，老板就是流程建设的最大客户，凡是老板摇头的都不行，凡是老板点头的就可以。显然，这样的流程建设不是基于"以客户为中心"的价值服务思维，而是"以老板为中心"的官本位观念。

外部客户关心企业为之提供的最终结果——产品、服务或解决方案。企业在挖掘和梳理企业客户需求时，可参考表 3-1。

表3-1 外部客户的流程需求梳理（举例）

序号	需求项目	需求描述
1	质量高	面向客户的流程输出能不能满足客户的要求？包括：产品功能、性能或服务质量等
2	交付快	为客户提供交付周期快不快，能不能满足客户对速度的要求？
3	成本低	使用企业的产品或服务，能不能让企业的整体成本更低？
4	交易简单	客户与企业交易的整个过程是否足够简单便捷？

第二，对准企业内部客户的需求。

虽然企业的外部客户是流程创造价值的最终客户，但是，流程建设只盯着流程最末端的客户，也无法建好流程。事实上，外部客户不关心企业内部流程如何运作，他们只关心企业最终提供的产品和服务。处于流程价值流内部的流程关系人更关注流程运作过程，比如，流程的输入和输出的提供者、流程的执行者、流程的建设者和管理者、流程IT系统固化的建设者。他们是真正使用流程的人，他们对流程建设的效果有最直接的体验和感受，他们是流程建设过程中最直接的需求者；流程管理部门是流程的架构组织，他们是对齐战略目标，统一流程标准和规范的规则设计者；IT部门是将流程固化到IT系统，实现流程自动化运转的系统建设部门，他们是实现流程IT系统固化的IT需求者。

如果不关注他们的需求，企业大刀阔斧建设的流程不可能落地，只有关注和满足内部客户的需求，流程才能得以高效率、低成本顺利运行，并达成最终目标。企业在挖掘和梳理内部客户需求时，可参考表3-2。

表 3-2　内部客户的流程需求（举例）

序号	内部客户	需求项目	需求描述
1	流程建设者	建设有效、投入成本低	流程建设有没有对标战略？ 流程建设有没有赋能业务？ 流程建设是否高效？ 建设成本是否在合理范围之内？ 流程建设是否匹配组织和资源？
2	流程管理者	管理简单	流程管理是否行之有效？ 流程管理是否简单方便？ 有没有对应的机制和措施保障流程目标？
3	流程执行者	执行准确、简单、有效	流程执行是否能够达到预期效果？ 是否有效支持和赋能业务？ 流程执行过程是否简单高效？ 流程执行是否能有效控制风险？ 流程执行是否能够促进组织协同？
4	IT信息化建设者	流程易于固化	流程建设是否能够为IT信息化提供输入？ 流程是否有利于IT系统固化？ 流程建设是否充分考虑IT实施需求？

第三，对准流程输入提供商的需求。

流程建设对准外部客户，大部分企业都认同；流程要关注内部客户也很容易理解（即使内部客户被忽略，在流程建设梳理需求的过程也会自然暴露）。然而，更容易被大多数企业忽略的是另一个关键因素——流程上游供应商。什么是上游供应商？所谓流程上游供应商就是处于流程最前端的输入提供者，如流程上游的材料供应商、信息或服务供应商。

在对待供应商方面，华为和很多企业不一样——华为非常重视处于行业业务价值链上游的供应商。华为认为上游供应商是产业价值链中至关重要的一环，他们是支撑产品持续领先和公司商业成功的关键因素。所以，在流程建设上，面向供应商建设了及时、快捷、可靠的采购协同体系，同时，华为不仅与产业链主流供应商（合作伙伴）构建了长期稳定的伙伴关系，还建立了合理的利益分享机制，共享合作收益，与供应商合作共赢、获得长期的可持续发展。

作为企业经营原料或服务的提供商，流程上游供应商是流程的输入提供者。他们同样参与企业产品或服务的价值创造过程，他们是产业价值创造链中不可或缺的一部分。如果流程建设将处于上游的供应商排除在外，不考虑他们的需求，势必降低企业流程的价值创造力。因为流程的输入提供者直接影响流程最终输出结果的正确性。

在豆腐产品制作流程中，虽然你希望通过流程制做出高品质的豆腐，但，如果你把大米作为豆腐制作流程的输入材料，在这种情况下，即使豆腐制作流程非常优秀，甚至卓越超群，最终也做不出豆腐。再比如，你准备了黄豆，把黄豆作为豆腐制作流程的输入材料。但是，准备的黄豆是已经存放三年的发霉黄豆，即使有精雕细琢的加工流程，你也无法获得新鲜味美且高品质的豆腐。

如果没有准确的入口关卡来保证输入内容的质量，甚至输入内容不正确，即使再正确的过程也无法扭转错误的输入内容带来的结果错误。不仅如此，所有的投入都将付诸东流。所以，准确把握输入内容是流程建设成功的首要条件，企业不得不关注流程输入提供者的需求。

企业在挖掘和梳理流程输入提供者需求时，可参考表 3-3。

表 3-3 流程上游供应商的流程需求（举例）

序号	需求项目	需求描述
1	质量高	供应商如何通过流程准确获取提供的输入的要求？ 流程如何把控供应商提供的输入内容？
2	交付快	流程建设如何提高交付速度？
3	成本低	流程建设如何降低供应商的成本？
4	交易简单	供应商与企业之间的交易是否简单、容易？ 比如供应的便利性，收款的方便快捷及时

在华为看来，企业存在的唯一理由就是为客户服务，客户需求是企业发展的动力。企业如果不能满足客户的需求，不能为客户提供有价值的产品、服务或解决方案，企业就无法生存。同样，不能准确把握外部客户、内部客户和流程上游供应商的需求，就不能呈现为客户创造价值的业务。

梳理业务：沿着价值创造的路径梳理业务

呈现业务就是梳理业务，即从客户需求、自身能力匹配中找到为客户创造价值的"最短"路径。那么，如何找到这条业务路径？

第一步：梳理业务价值流和业务场景

梳理价值流

价值流是一组端到端的活动集合，是外部客户或内部客户获得的价值结果。梳理价值流的一种方法是沿着客户旅程的路径梳理。价值流应尽可能与客户旅程的阶段保持一致，因为，客户旅程是客户获得价值的过程。

客户旅程划分为三个阶段，企业价值流也应尽量划分为三个阶段，使客户旅程阶段与企业价值流阶段对应。规划与预算阶段对应市场洞察与销售拓展阶段，招标与采购阶段对应投标与生成合同阶段，建设与运营阶段对应合同履行阶段。

沿着某运营商客户旅程的阶段划分，梳理对应客户旅程的企业价值流，在这个过程中，企业需与客户多次互动，以提升客户的体验感。下面以某运营商客户为例梳理的企业价值流，如图3-3所示。

客户旅程	战略规划	业务规划	规划及预算	招标	合同谈判	谈判和生成合同	下发PO	设备接收	安装验收	付款	网络运营
	规划与预算 ①			招标与采购 ②			建设与运营 ③				
企业价值流	挖掘客户需求	匹配解决方案		投标	谈判和生成合同		接收确认PO	供货	交付验收	开票回款	关闭合同
	市场洞察与销售拓展			投标与生成合同			合同履行				

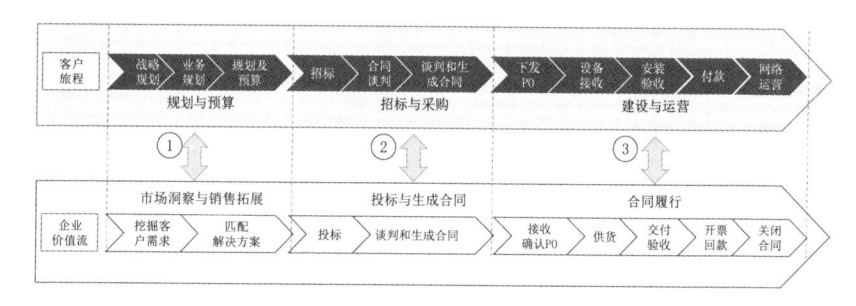

图3-3 沿着客户旅程梳理的价值流

梳理业务场景

业务场景是指特定企业在特定的政策、规则和资源下的业务需求背景。因企业在不同的背景下对业务的过程和结果需求不同，由此产生了不同的业务场景。

在企业的产品开发业务中，同样是产品开发业务，有客户定制类的产品开发业务场景，也有企业自行创新研发的业务场景；在2B销售活动中，因客户群体的不同也有不同的销售业务场景，有面向政府的销售业务场景、面向大企业的销售业务场景，以及面向小企业的销售业务场景。

梳理业务场景的一种方法是从价值流的前进路径来梳理，价值流是企业高阶（宏观）的价值创造描述，从宏观上体现企业为客户创造价值的过程，业务场景是具体的业务执行过程，业务按照业务场景的路径运行。

同样是在价值流的市场洞察与销售拓展阶段，却存在两种业务场景：一种是增量市场；另一种是存量市场。增量市场的场景是从无到有的市场洞察和拓展过程，存量市场的场景是从有到多的市场洞察和拓展过程，二者存在差异。

某运营商在客户服务的业务中，业务场景能具体地表现价值流的过程，如表3-4所示。

表3-4 业务场景表现价值流的过程

价值流阶段 活动项目	市场洞察与销售拓展	投标与生成合同	合同履行
价值流的关键活动	◆挖掘客户需求 ◆匹配解决方案	◆投标 ◆谈判和生成合同	◆接收确认PO ◆供货 ◆交付验收 ◆开票回款 ◆关闭合同
价值流对应的业务场景	●增量市场需求场景 ●存量市场需求场景	●公开招标场景 ●竞争性谈判招标场景 ●议价场景 ●订购合同场景 ●预售合同场景	●框架下的PO履行场景 ●标准PO履行场景 ●标准合同履行场景 ●非标准合同履行场景

第二步：梳理业务流程

业务流程是价值流程的具体业务活动，是企业组织和团队可执行落地的具体活动。梳理业务流程时，要对应价值流和业务场景进行梳理，我们通常把对应端到端价值流和业务场景的流程定义为企业的一级业务流程。值得注意的是，一级业务流程是端到端的价值创造过程，处于业务流程的顶端。

业务流程的梳理过程分为四个步骤，下面以 LTC（从线索到回款）流程为例，如图 3-3 来说明业务流程梳理的关键步骤。

步骤一，划分业务流程阶段

一级业务流程的阶段尽量与价值流对应，目的是沿着为客户创造价值的过程，来建设以客户为中心的流程体系。如 LTC（从线索到回款）流程中，将流程划分为管理线索、管理机会点、管理合同执行三个阶段，就是与企业价值流中的市场洞察与销售拓展、投标与生成合同、合同履行相对应。

步骤二，梳理业务流程关键活动

关键活动是从企业内部的视角出发，主要关注为客户服务和创造价值的需要而实施的关键活动，这些关键活动是有价值输出的阶段性成果活动。如表 3-5 定义一级流程中的关键活动（以 LTC 为例）。

表 3-5 定义一级流程中的关键活动

流程阶段 关键活动	市场洞察与销售拓展	投标与生成合同	合同履行
关键活动	收集和生成线索 验证和分发线索 跟踪和培育线索	验证机会点 标前引导 制定和提交标书 谈判和生成合同	管理合同/PO 接收和确认 管理交付 管理开票和回款 管理合同/PO 变更 管理风险和争议 管理和评价合同

步骤三，定义关键控制点

关键控制点包含：业务决策点、技术评审点和风险控制点。如 LTC（从线索到回款）流程中，设置基于业务决策评审的关键控制点，分别是 ATI（立项决策点）、ATB（投标决策点）、ATC（签订合同决策点）和 ATCC（合同关闭决策点）；在制定和提交标书、谈判和生成合同、管理合同/PO 变更活动中设置了技术评审点，以确保活动输出的正确性。在生成合同和管理合同/PO 确认活动中分别设置了质量风险控制点，以最大限度降低风险引入。如图 3-4 所示。

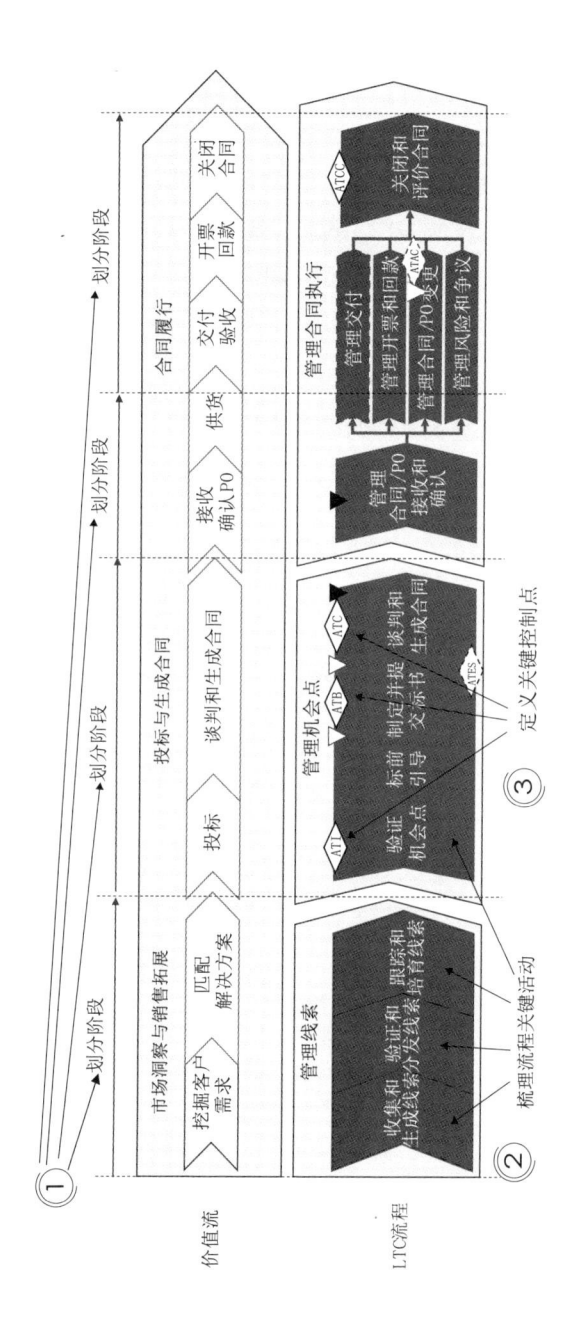

图 3-4 梳理业务流程（以 LTC 流程为例）

第三步：匹配业务能力

业务能力是指企业为实现某业务目标须具备的能力集合，包括知识、技能、工具和资源等。独立的业务能力适配不同的业务需求。比如，陆军作战部队具备能够适应不同地域情况的地面作战能力；海军作战部队具备在不同海域行动的作战能力。企业如何匹配业务能力？

匹配业务能力的一种方法是根据业务流程来匹配企业需要的业务能力。

以为某运营商网络建设与运营项目创造价值的业务流程（LTC流程）为例，我为之匹配了铁三角项目运作组，以支撑端到端满足客户价值流的能力，如图 3-5 所示。

从图 3-5 中我们不难发现：企业流程建设，不仅仅是业务流的显性化建设，还包含创造业务流价值的组织能力建设，是业务与能力的融合。

在企业的流程建设中，不仅要做到业务流梳理后的显性化（流程阶段划分、关键活动、关键控制点），还应包含业务流程运作需要的组织能力。如图 3-5 中我们不难发现：该流程案例中增加匹配了铁三角项目团队的组织运作能力方面的描述。

也就是说，流程建设不仅仅是梳理业务、设计流程，还应该包含与流程相匹配的组织能力。如果流程不考虑组织能力，必将导致流程无法落地和运作，流程建设的投入将付诸东流。比如，一家仅有 500 人的企业，却架构建设了需要一万人才能运作的流程，就是在流程建设中没有匹配企业的组织规模和能力。

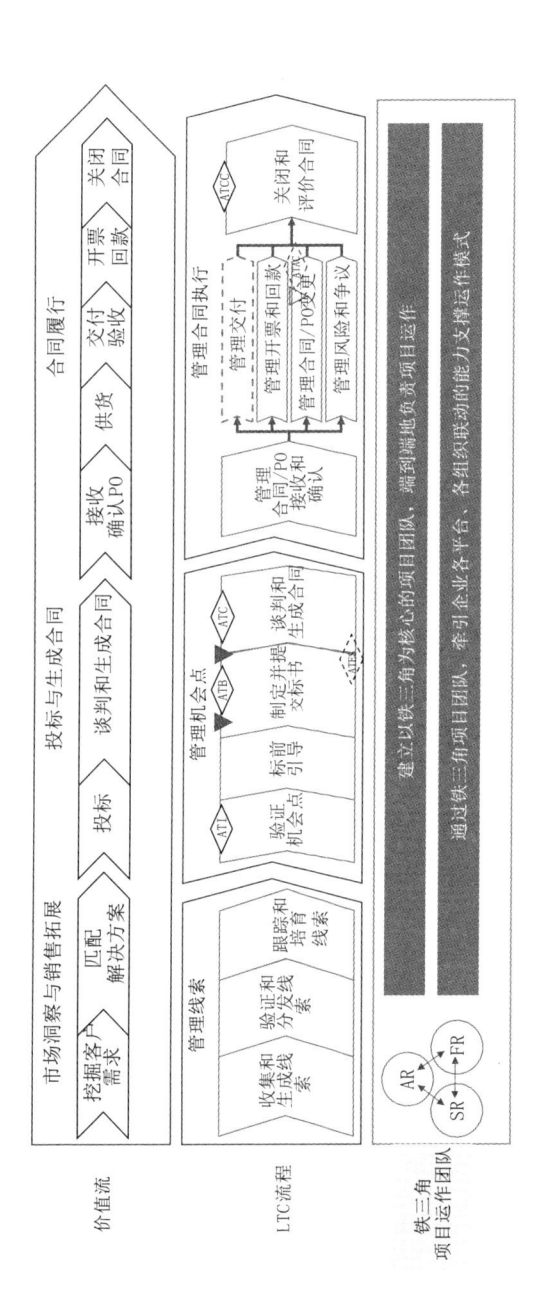

图 3-5 匹配价值流所需的组织能力

根据价值流的关键活动和业务场景活动匹配对应的组织能力,来说明如何匹配业务能力,如表3-6所示。

表3-6 沿着企业价值流与业务场景匹配组织能力

价值流阶段 项目	市场洞察与销售拓展	投标与生成合同	合同履行
价值流的关键活动	◆挖掘客户需求 ◆匹配解决方案	◆投标 ◆谈判和生成合同	◆接收确认PO ◆供货 ◆交付验收 ◆开票回款 ◆关闭合同
价值流对应的业务场景	●增量市场需求场景 ●存量市场需求场景	●公开招标场景 ●竞争性谈判招标场景 ●议价场景 ●订购合同场景 ●预售合同场景	●框架下的PO履行场景 ●标准PO履行场景 ●标准合同履行场景 ●非标准合同履行场景
匹配组织能力	√客户拓展能力 √需求挖掘能力 √解决方案能力 √供应能力 √交付能力	√应标能力 √谈判能力 √议价能力 √计划能力	√技术方案履行能力 √供货能力 √工程安装能力 √交付沟通能力 √技术咨询与支持能力

设计流程:以终为始,六步法设计流程

通过流程规划,梳理价值流、业务场景和业务能力,流程建设完成了自顶向下的梳理过程,接下来进入流程设计阶段。流程设计是流程建设的重要环节,流程能不能承接战略,能不能有效地执行

落地，关键在于是否能设计出可执行和落地的流程。流程图是流程具体执行落地的指导性文件，是业务场景和业务能力融合的具体输出。其目的是通过一系列简单直观的图形描述流程活动的顺序和关系，形成作业者统一的标准和规范。如何设计出简单灵活的流程图，我们在实践经验中总结出流程设计的六个步骤，如图3-6所示。

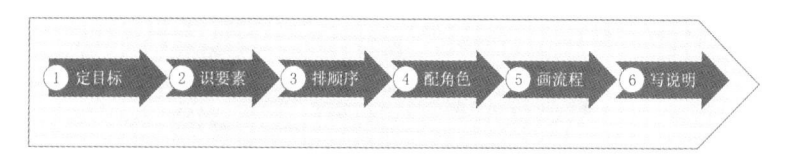

① 定目标 → ② 识要素 → ③ 排顺序 → ④ 配角色 → ⑤ 画流程 → ⑥ 写说明

图3-6 流程设计的六个步骤

统一讲"普通话"

流程图是使用约定的流程符号和逻辑规则，将业务流程中的角色、活动和交互关系，用图形化的方式表现出来。设计流程图应先统一流程图的描述语言，统一说"普通话"。

定义流程图语言的两个原则

设计流程图，先要定义流程图的描述语言，需要把握两个关键点——统一和简单。统一和简单是流程图设计最重要的两个因素，也是流程图发挥价值的基础。

原则一：定义统一流程图的描述语言

企业要想达到流程建设的目标，设计出有利于执行落地的具体流程，首先要统一流程图设计语言，即设计统一的流程图的表达方式和流程图符号。如果一家企业的流程图描述不统一，不仅不能发挥流程的作用，还会带来诸多弊端。如果流程描述不一致，使用者对流程图的理解和执行就会产生偏差。

我在辅导企业流程建设的过程中，看到很多企业的各个部门各自设计流程，结果各个部门的设计不仅描述方式不一样，甚至连流程符号都不一样。试想：流程语言都不统一，流程如何能做到业务的端到端贯通？又如何承接企业战略目标？

原则二：定义简单的流程图描述语言

只有简单、直观、易懂的流程图，才具备良好的传播性和推广性。简单不仅有利于使用者的使用，而且降低流程使用者的门槛。怎么理解简单？简单就是所见即所得，有清晰的结构，不需要过多的说明和解释。使用者一看就懂，懂了就会做。甚至没有接触过流程图的使用者，拿到流程图也能按流程做事。相反，如果流程图的描述语言非常复杂，使用者就很难看懂。这样的流程图，无形中提高了流程使用者的门槛，不具备简单的特性，容易造成理解偏差、执行错误。

定义流程图的描述语言

流程图的描述语言分为三个部分：流程说明书、流程图描述方式和流程图符号。

流程说明书

流程说明书也是流程图的描述语言，在企业流程建设中，采用统一的流程说明书模板，对流程的目标范围、流程术语和流程图的内容进行描述。通过流程说明书的统一描述，让企业流程管理和使用者形成一致的理解，以便达成流程设计目的的执行和落地。

流程图符号

在常用的流程绘制方式中，纵向流程图、LOVEM 流程图、DesignFlow 流程图、BPOVM 流程图的流程符号都不尽相同，均存在一些差异。企业应根据自身业务和组织的复杂情况，选择合适的流程图绘制方式设计流程。在同一企业，或同一业务范畴，企业内应尽量采用统一的流程图绘制方式，以便统一流程语言，减少沟通效能损失。

流程图描述方式

在企业流程建设中，常用的流程图描述方式有四种，分别是纵向流程图绘制法、LOVEM 流程图设计法、Design Flow 流程图设计法和 BPOVM 流程图设计法，在企业业务流程设计中，企业可以选择除纵向流程图绘制法的任何一种设计流程。

纵向流程图绘制法

纵向流程图，顾名思义，就是从上向下地描述流程活动顺序和活动关系。纵向流程图包含一个"开始"、一系列中间活动环节和一个"结束"。这种方式的特点在于，仅对流程活动及活动关系进行描述，流程不包含其他要素，仅用于流程较简单的应用场景，比如涉及的流程角色较少或不涉及跨部门运作的业务场景，如图 3-7 所示。

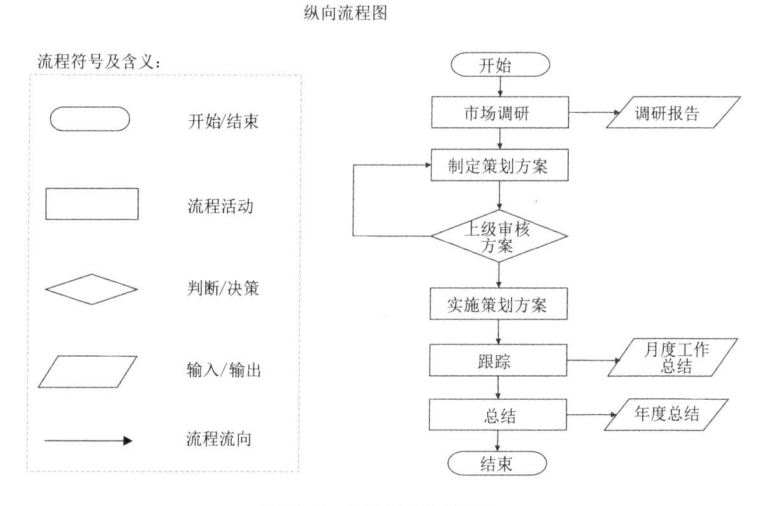

图 3-7 纵向流程图样例

纵向流程图因为较为简单，仅从流程活动的维度对流程进行描述，所以比较容易被使用。但在复杂的业务流程设计中，不建议采用这种方式。因为业务流程不仅有流程活动和活动逻辑关系，还应包含对应的业务能力。这种方式并不适于跨部门的业务场景的流程图绘制。

LOVEM 流程图设计法

LOVEM 流程图（Line of Visibility Enterprise Modelling）是企业可视化流程建模的一种方法，是 IBM 公司开发的流程绘制技术，在业务流程应用中较为广泛。其主要特点如下：

1. 自左向右呈现；

2. 每个流程活动均有编号，适用于流程活动较多的流程图；

3. 在流程泳道图中增加了一种角色——客户，该方式清晰地表达了流程与外部客户的接触点，是一种面向客户的流程呈现方式；

4. 在泳道图中增加了信息系统的操作活动，适合于信息系统跨企业运行的流程。

LOVEM 流程图表现方式如图 3-8 所示。

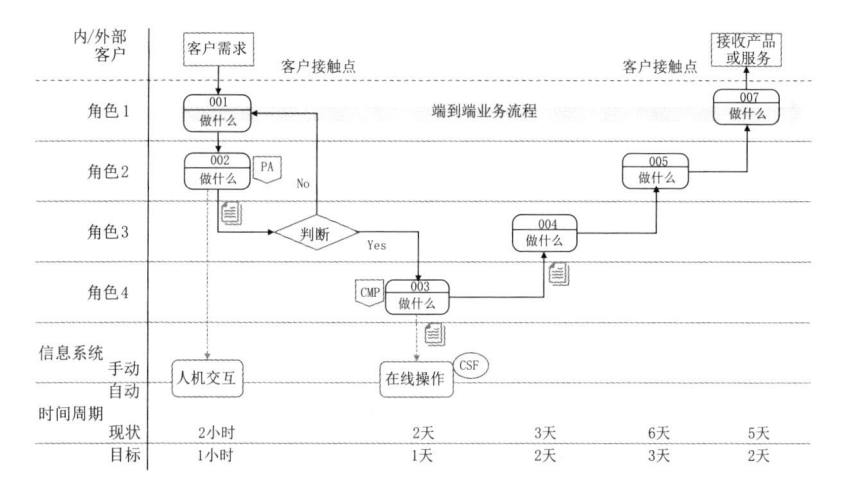

图 3-8 LOVEM 流程图样例

Design Flow 流程图设计法

Design Flow 流程图是一种利用方框、长方形、圆形图、三角形、虚实线、文字等符号，来描述角色与流程活动、活动与活动时间的逻辑关系的流程绘制方式。它仍然采用自左向右的流程绘制方式。Design Flow 流程图设计法特别适用于多角色、跨部门、多场景的大型流程图绘制，是一种用于复杂流程重构和再造的流程图设计方法和工具。Design Flow 流程图的呈现方式，如图 3-9 所示。

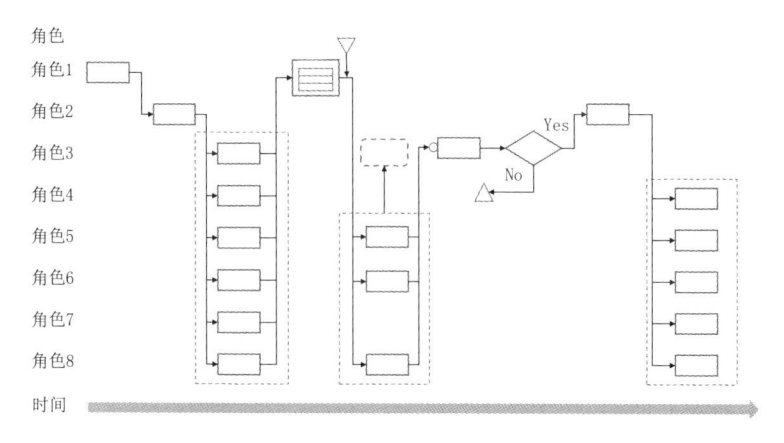

图 3-9　Design Flow 流程图设计示意

BPOVM 流程图设计法

BPOVM 流程图（Business Process of Visual modeling，业务流程虚拟建模）是基于业务流程的可视化建模方法，通过绘制横向和纵向泳道图的方式，采用简单易懂的流程符号，将流程角色、流程阶段、流程活动、活动关系、阶段时间基准融合于流程图中的流程图绘制方式。同样，适用于多角色、跨部门、多场景的流程设计。

BPOVM 流程图设计法最大的特点是结合了常用的流程绘制工具（如：Microsoft Visio 专业版、Microsoft Office），简化了流程符号。该工具较为常用，且易于绘制和使用。经过企业的实践和验证，BPOVM 流程图特别适用于业务处于中等复杂程度的流程图设计。接下来，我将以 BPOVM 流程绘制方式为蓝本，介绍流程图的设计方法。如图 3-10 所示。

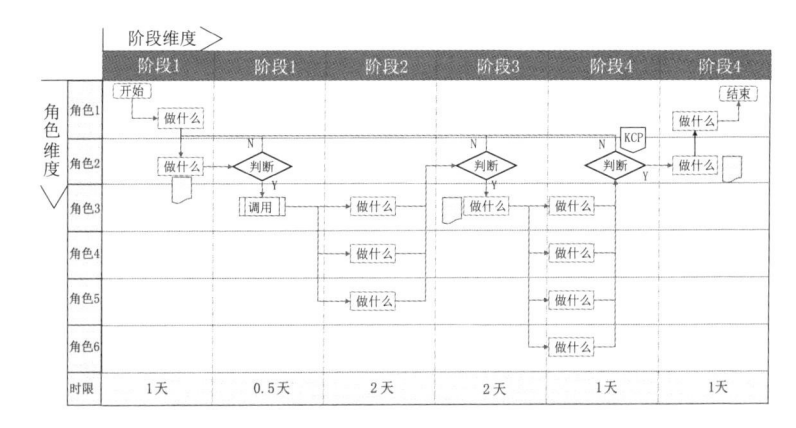

图 3-10 BPOVM 流程图示例

我在辅导企业做流程设计的时候，通常选择 BPOVM 流程图的绘制方式。因其流程符号少，最大限度地降低了企业流程推行的难度，BPOVM 流程图常用的流程符号如表 3-7 所示。

表 3-7 BPOVM 流程图设计法常用流程符号

编号	名称	流程符号	含义
1	流程开始/结束		表示流程开始或结束
2	流程活动		表示流程活动
3	子流程		表示当前流程的调用流程
4	选择或判断		表达流程中的判断或选择活动
5	活动连接线		表示流程流向

续　表

编号	名称	流程符号	含义
6	连接符	TO　From	表示流程图分页连接符号，成对出现
7	文档		表示流程输入或输出的文档
8	数据		表示流程输入或输出的数据
9	关键控制点	KCP	表示流程的关键控制点

在企业流程实践中我发现，**越简单的流程符号，越具备可操作性**。尤其对于业务不是特别复杂的企业，应尽量用最少的符号覆盖业务场景。因为每增加一个流程符号，对流程使用者来说，阅读和理解的难度都会成倍增加。

企业在流程设计中，尽量选择一种流程绘制方式，并且统一流程符号，让所有参与者都能理解流程描述方式和流程符号。这一点至关重要，因为有没有统一流程语言和规范，对流程设计、流程推行和流程运营来说将是一场灾难。

在企业流程建设实践和流程咨询实践中，我总结了一套行之有效的流程图设计方法——"六步法"，以供读者参考。

第一步：明确流程目标（定目标）

流程目标是指某一特定业务场景在业务流程及其要素驱动下创

造的业务价值。任何具体的流程都应具备对应的流程目标。流程有明确的目标靶向，流程设计和运行才能有的放矢。

流程目标可称为流程图设计的战略。设计流程时，根据流程与业务之间的关系，以及流程对业务的作用，可以从以下三个方面来明确流程的目标。

第一，该流程存在的理由是什么，解决企业什么问题？

我们知道，任何管理方法和手段的存在就是为企业解决问题，流程也不例外。搞清楚当前流程到底解决什么问题，究竟有什么价值，这一点非常重要。只有明确了流程目标，流程设计才能不偏离方向。

流程解决的问题就是流程的目标。比如，从运营类的流程来看：销售是为了卖产品、服务或解决方案；研发是为做出满足市场需要的产品；客户服务是为解决客户使用企业产品、服务或解决方案时遇到的问题。从支持类的流程来看：人力资源管理流程中的招聘流程是为企业招聘到满足业务需要的人才；培训流程为提升企业人力的业务能力。诸如此类，明确了流程要解决的企业经营问题，也就明确了流程的目标。

第二，该流程赋能业务的范围是什么？

流程解决企业的某类问题，应以什么地方作为起点，什么地方作为终点呢？这是流程的范围。流程范围锁定流程解决哪一类问题，进一步明确流程目标。

销售流程的范围：面向客户的产品、服务和解决方案的销售活动。从市场线索管理开始，到商业机会管理、合同管理、合同履行、开票回款结束。

研发流程的范围：面向客户的产品或解决方案的开发活动。从市场的产品需求开始，到研发并满足市场需求的商品化产品上市作为结束。

客户服务流程的范围：面向客户的产品、服务或解决方案的问题解决。从客户使用产品、服务或解决方案中遇到的问题开始，到把问题解决作为结束。

以上三个流程明确了流程覆盖的业务及业务活动的起点和终点。

第三，该流程如何保障业务结果达成？

业务结果的达成离不开过程的保障，流程管理是端到端的管理模式，流程目标的达成应包含过程目标。

销售流程的过程目标：提升企业的销售收入（过程分解：提升市场线索转化率、机会转化率、合同签订率、销售额、利润率、回款率等）。

研发流程的过程目标：提升产品上市成功率（过程分解：提高研发成功率、提升产品质量、降低研发成本、提高产品的市场接受度等）。

客户服务流程的过程目标：提高客户满意度（过程分解：提升客户体验感、提高客户黏度、提高问题解决效率等）。

综上，明确流程目标应从流程为业务解决的问题、解决问题的范围和解决问题的过程保障三个方面来确定。一个清晰完整的流程目标应具备二大要素：清晰的业务目标、业务路径、边界范围和过程保障。

第二步：识别流程要素（识要素）

流程九大要素中除了流程目标和范围之外的八大要素是流程执行落地的关键，也是达成流程目标的基本保障。每一个流程的八大要素内容不同,在流程设计步骤中,需要识别流程的八大关键要素,并且对应具体内容。

以下以招聘流程为例,识别对应流程关键要素,如表3-8所示。

表3-8 流程要素识别表

序号	要素名称	具体要素对象	举例(招聘流程)
1	流程供应者	谁为流程提供输入?	提供者:企业各需求部门
2	流程输入	流程的关键输入是什么?	输入:人才招聘需求
3	流程活动	流程的关键活动有哪些?	活动:简历筛选、面试、考试、资格审查、入职培训、试用、转正
4	活动关系	流程活动之间的关系是什么?	活动关系:先后关系、并行关系和选择关系
5	流程输出	流程的输出是什么?	输出:新员工转正信息表
6	流程客户	流程的客户是谁?	客户:需求部门
7	关键控制点	决定流程成败的关键是什么?	关键控制点:面试的质量控制
8	流程责任人	谁为流程端到端负责?	流程负责人:招聘经理

通过上表,我们可以准确识别具体的流程要素,这个过程不仅是对要素的对象具体化,同时也是对整个流程全貌的概括,对流程图的设计有非常大的帮助。

第三步：定义活动逻辑（排顺序）

在业务流程中，一系列的流程活动构成了流程创造价值的"加工工厂"，流程活动把流程输入的内容"加工"转换成有价值的输出。这些活动之间存在一定的逻辑顺序。定义活动逻辑，首先要梳理活动清单，其次识别活动关系，最后定义活动顺序。

梳理活动清单

梳理流程活动清单，应对应流程级别以及活动颗粒度（活动大小），通常在业务流程中，只有对输入产生有价值的改变活动，才需要展现。流程活动清单如表 3-9 所示，活动的名称采用"动词"+"宾语"的结构，如设计方案 ="设计"+"方案"。

表 3-9　流程活动清单（示例）

编号	活动名称	活动描述	关键因素	输入	输出	时限
003	简历筛选	从求职简历库中筛选简历	简历库质量高 职位要求清晰	职位要求	符合职位要求的简历	3天
005	专业面试	根据职位专业要求，面试求职者的专业能力	职位要求清晰 专业评估全面	待面试人员信息资料	专业面试评估表	1小时
009	入职培训	新员工入职培训	培训要求明确 结果考核全面	新员工入职名单	培训考试成绩	5天

识别活动关系

根据业务场景和业务价值创造过程，识别和记录流程活动之间的逻辑顺序,并将这些活动在流程图中描述,指导工作开展的顺序,以便在既定的业务制约因素下获得更高的工作效率。合理地梳理和定义活动的逻辑顺序,不仅可以让流程活动实现增值,而且还可以提高流程执行效率。

在流程中,所有流程逻辑关系均由以下三种活动关系演变而来。

(1)先后关系

顾名思义,两个活动 A 和 B 之间存在先后顺序,如图 3-11 所示。如果 A 在先,B 在后,即 A 开始之后,再做 B。比如,企业招聘中,一定是先筛选简历才能通知求职者面试。

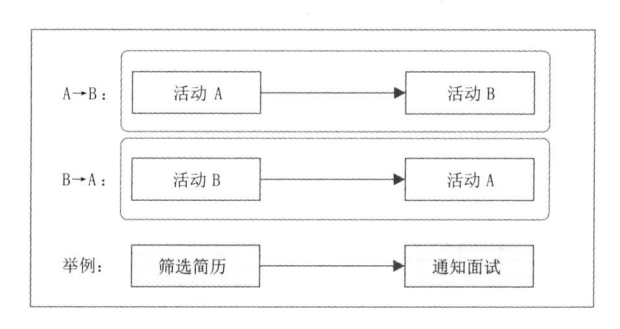

```
A→B:   活动 A  →  活动 B
B→A:   活动 B  →  活动 A
举例:  筛选简历 → 通知面试
```

图 3-11　活动之间的先后关系

(2)并行关系

即活动 A 和活动 B 并行开始,如图 3-12 所示。包括活动 B 不需要受活动 A 是否完成的制约,活动 B 在活动 A 之前开始,二者都属于并行关系。比如,准备晚餐的时候,先煮饭,10 分钟之后,再炒菜,煮饭活动和炒菜活动为并行的活动,完成后就可以开饭。

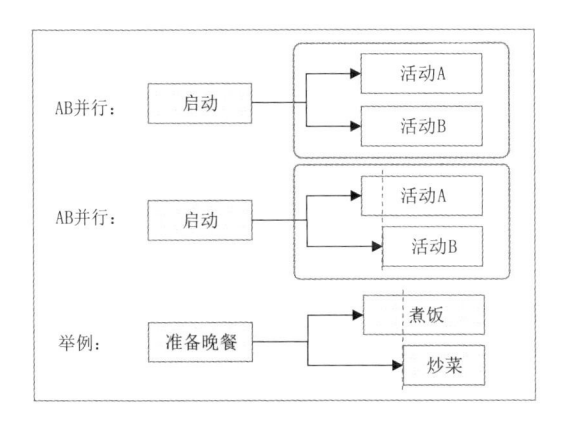

图 3-12 活动之间的并行关系

（3）选择关系

选择关系，即在两个或两个以上的活动中二选一。选择活动 A 就不会选择活动 B，选择活动 B 就不会选择活动 A。A，B 之间是排他的选择关系，在对面试者的面试判断中，如果面试通过则录用，否则就淘汰，如图 3-13 所示。

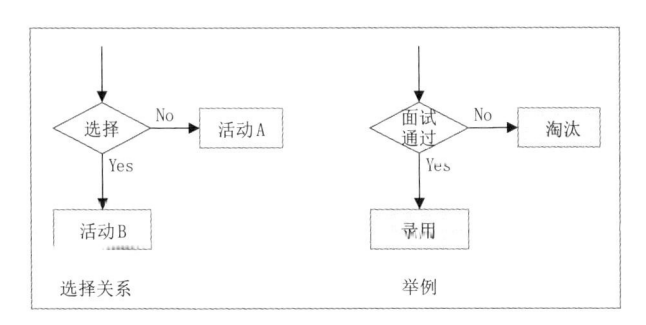

图 3-13 活动之间的选择（排他）关系

定义活动顺序

定义活动顺序，即按照活动逻辑顺序排列流程活动清单。将流程活动顺序与流程阶段对应，把流程活动排布在泳道图的阶段泳池，我们就得到了所有活动的排列逻辑顺序，如图3-14所示。

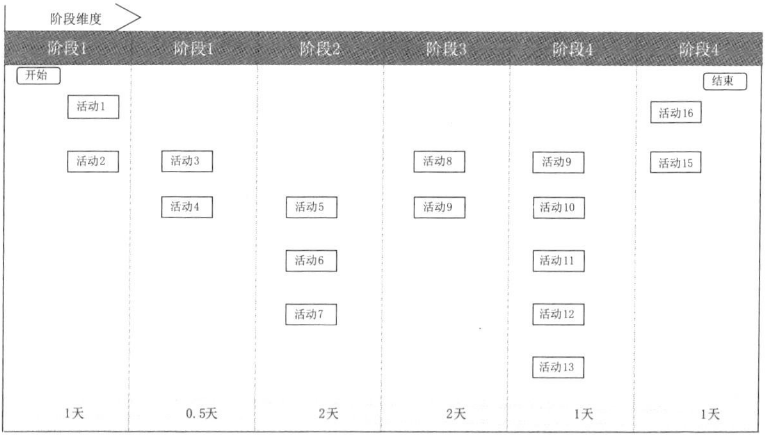

阶段维度					
阶段1	阶段1	阶段2	阶段3	阶段4	阶段4
开始					结束
活动1					活动16
活动2	活动3		活动8	活动9	活动15
	活动4	活动5	活动9	活动10	
		活动6		活动11	
		活动7		活动12	
				活动13	
1天	0.5天	2天	2天	1天	1天

图 3-14　按活动逻辑顺序排列流程

第四步：匹配流程角色（配角色）

流程角色是指业务流程中不同分工职责的承担者，是流程活动的执行者。企业为了实现某个业务场景的业务目标，采用分工协作的方式，给业务流程分配了不同的流程角色，分别承担不同的工作任务和职责，以提升业务流程的效率和质量。

流程中的流程角色是业务流程的执行者，也是业务能力的驱动因素，包含四类角色：

输入提供者：为流程提供输入的人。

活动执行者：流程活动的执行者或作业者。

流程客户：流程输出的对象。

流程责任人：端到端流程的负责人。

不同的业务流程，流程角色呈现的名称不同。比如，在某企业招聘流程中，流程角色有人力需求者、简历筛选人、技术面试官、综合面试官、资格面试官（人力资源总监）、面试审批者（总经理）等。

将业务流程的流程角色填入流程泳道的角色维度，然后把不同的流程活动对应不同的流程角色，并且保持流程活动的逻辑顺序不变。于是，我们就获得了流程活动在角色和阶段泳道图上的分布，如图 3-15 所示。

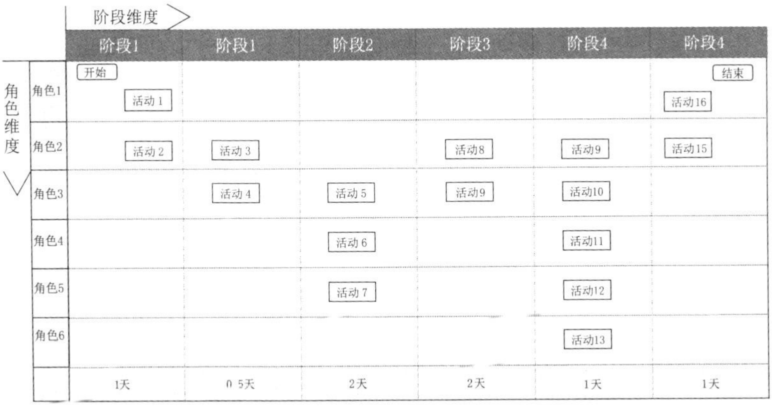

阶段维度	阶段1	阶段1	阶段2	阶段3	阶段4	阶段4
角色1	开始 活动1					结束 活动16
角色2	活动2	活动3		活动8	活动9	活动15
角色3		活动4	活动5	活动9	活动10	
角色4			活动6		活动11	
角色5			活动7		活动12	
角色6					活动13	
	1天	0.5天	2天	2天	1天	1天

图 3-15 配置流程角色

匹配流程角色小技巧：

1. 活动的顺序按照从左向右的顺序排列。
2. 根据活动的顺序自上而下地排列流程角色。

第五步：绘制流程图（画流程）

流程图的绘制，即用标准的流程符号来描述流程的逻辑顺序。

1. 参照流程图标准符号，用标准符号替换对应的流程活动。比如，用菱形符号替换判断或选择类的活动，用方框替换操作类的活动，用调用流程符号替换调用流程活动。

2. 用箭头将活动按照逻辑顺序连接起来，并为流程活动增加流程编号。

3. 为有输入或输出的流程活动添加输出件符号（文档或数据）。

4. 在流程中标注关键控制点。

5. 增加流程名称、版本号等流程图属性。

经过以上操作步骤，我们获得一幅流程图，如图 3-16 所示。

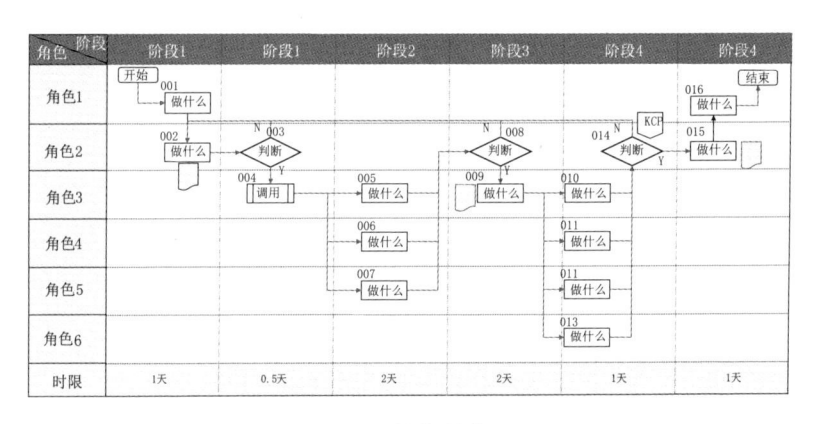

图 3-16　绘制好的流程图

第六步：撰写流程说明（写说明）

虽然流程设计者们都期望通过一张流程图，就能把所有的流程活动和内容完整地展现出来。但是，由于业务场景不同和业务场景的复杂程度不同，仅用一张流程图无法做到全部细节的覆盖。同时，为了让流程使用者们，尤其对初涉业务的使用者透彻理解流程，顺利地通过业务流程图开展业务,一份详细的流程说明文件或流程手册必不可少。

一份完整的流程说明书应包含以下内容。

流程目的

流程目的是流程反映业务本身的目的,通常包括两个维度:从客户角度出发,为满足客户核心需求,阐明流程提供的价值和目的;从企业管理角度出发,为满足风险和合规性、提高效率,降低业务成本,说明流程运营过程的管控目的。比如,研发流程的目的:为了满足市场产品需求,提高产品研发成功率,缩短研发周期,降低研发成本。

适用范围

适用范围从业务范围、组织范围两个维度来定义。描述流程适用于某业务的起始到终止的边界,以及适用于整个企业或某个组织。比如,适用于终端产品线的市场渠道拓展。

术语解释

术语解释是说明解释流程中涉及的特殊名称或术语。如:BP:业务流程。KCP:关键控制点。BPI:流程绩效指标……

流程图

将绘制的业务流程图附于流程说明书中,以便提升流程说明书的可读性。

流程角色职责

按照流程图角色泳道的流程角色,逐一描述各流程角色的流程职责,以便流程角色理解在流程执行中承担的职责和需要具备的能力，如表 3-10 所示。

表 3-10 流程角色职责模板（示例）

编号	流程角色	流程角色职责描述
1	招聘经理	具备招聘管理相关知识和技能，负责 ×× 业务人力资源的招聘组合工作，包括简历组织筛选、预约面试、组织面试、面试评估等招聘工作。
2	……	……

流程活动说明

对照流程图，对流程图中的流程活动按照流程活动编号逐一描述说明，以便流程执行者（流程角色）理解和掌握流程图中各个活动的详细内容，以及流程执行者充分发挥流程角色职责。如表 3-11 所示。

表 3-11 流程活动说明模板（示例）

编号	活动名称	活动内容描述	流程角色	输入	输出	时限
005	如：专业面试	针对招聘职位专业要求，对求职者进行专业能力和技能的面试活动	专业面试官	求职者信息	专业面试结果评估表	1 小时
006	……	……	……	……	……	……

流程绩效指标 BPI

从业务流程的时间、成本、质量、风险、客户满意、资源使用效率等方面来设置流程绩效指标，流程绩效指标的设置要考虑经济效益，尽量找到价值大、统计成本低的指标。如表 3-12 所示。

表 3-12　流程绩效指标 BPI 模板（示例）

编号	指标名称	指标定义/计算公式	目标值	统计周期	数据提供者
1	销售利润率	利润总额/营业收入 ×100%	15%	季度	财务经理
2	……	……	……	……	……
……	……	……	……	……	……

流程相关附件

流程相关附件是指描述流程执行过程涉及的表单、模板和操作指导等相关文件。将这些相关文件作为流程说明书的附件，以便流程执行者准确、清晰地理解该流程的内容。比如：招聘流程中涉及的面试人员登记表、面试记录表、面试评估表、入职档案信息记录表、入职培训记录表等。

发布流程：流程建设的最后一道关卡

流程发布是流程建设的最后一步。为确保规划建设的流程能够有效落地执行，须将流程建设的输出文件按照企业统一的标准和规范，向企业及适用的组织正式发布。流程发布的关键在于所有流程文件均已评审通过。评审发布过程如图 3-17 所示。

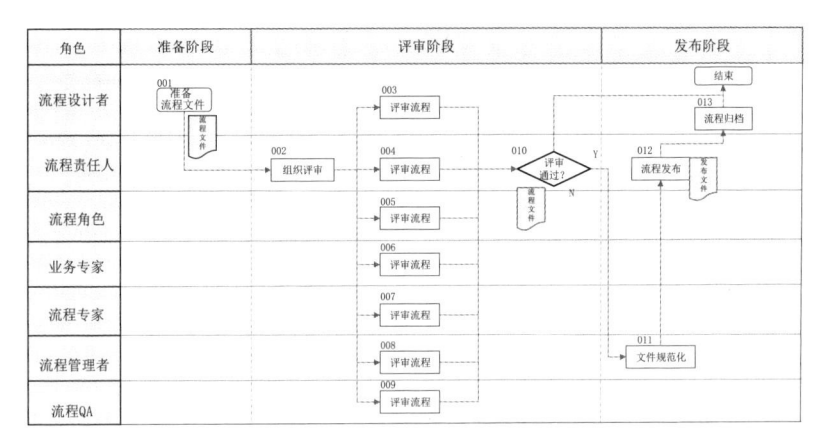

图 3-17 流程发布的流程

第一步：流程评审

流程评审前，由流程设计者负责准备已设计完成的流程文件，包括：

- 流程图；
- 流程说明书；
- 流程中涉及的表单和文档。

流程发布前，由流程责任人负责组织评审会议，邀请业务专家、流程专家、流程管理者、流程 QA 等评审专家一同参与。评审过程围绕业务价值创造、流程角色分工、流程管理要素、流程规范性等四个维度评审，如表 3-13 所示。

表 3-13 流程评审维度

编号	评审维度	评审项目	评审结论
1	业务价值创造	● 流程是否真实反映业务的价值创造过程？ ● 流程是否促进业务成功？ ● 流程能否提升业务执行效率？	通过
2	流程角色分工	● 流程角色是否完整？ ● 流程角色分工是否合理？ ● 相同范畴的流程活动是否跨角色分配？	通过
3	流程管理要素	● 流程要素是否完整？ ● 流程说明文件是否完整？	不通过
4	流程规范性	● 流程描述方式或流程模板是否正确？ ● 流程符号是否规范？ ● 流程边界是否清晰？	通过

评审完成后由流程责任人负责汇总各专家评审意见，根据评审意见判断结论：若需要修改，则返回流程设计者修改，修改完成后，再组织下一轮流程评审，直至评审通过。

第二步：流程发布

流程评审完成，进入流程发布阶段。该阶段由流程管理团队负责检查流程文件的规范性，文件包括流程文件命名规则、流程文件编号规则和流程文件版本，最后面向流程使用者发布流程文件。

统一规范流程命名

流程名称命名遵循所见即所得的原则，即流程名称直观表达流程的作用和用途，通常采用动词或名词＋动词的命名方式。比如，名词+动词命名：市场营销流程、产品销售流程、渠道开发流程、供应商开发流程、新产品开发流程、技术开发、售后服务流程等。

动词命名：销售流程、采购流程、研发流程、服务流程等。

统一规范流程文件编号

流程文件编号必不可少，缺少统一编号，容易导致文档管理的混乱。采用统一的流程文件编号方式，有利于存储、查询、修改、作废等文件管理操作。

流程文件是与流程相关的文件，编号规则设计应以流程为主线，遵循以下原则：

（1）反映流程文件与流程的关系；
（2）反映流程文件所属流程的层级关系；
（3）反映流程文件文档类型；
（4）体现流程文件的编号。

如图 3-18 所示，为某高新技术企业流程文件编号规则。

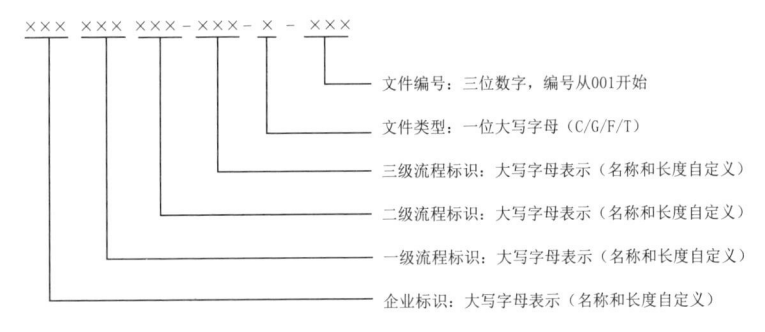

```
×××  ×××  ×××-×××-×-×××
 │     │     │    │   │   │
 │     │     │    │   │   └─ 文件编号：三位数字，编号从001开始
 │     │     │    │   └───── 文件类型：一位大写字母（C/G/F/T）
 │     │     │    └───────── 三级流程标识：大写字母表示（名称和长度自定义）
 │     │     └────────────── 二级流程标识：大写字母表示（名称和长度自定义）
 │     └──────────────────── 一级流程标识：大写字母表示（名称和长度自定义）
 └────────────────────────── 企业标识：大写字母表示（名称和长度自定义）
```

图 3-18　流程文件编号规则（某企业）

其中，文档类型采用一个字母表示，不同的字母代表不同的文件类型，如表 3-14 所示。

表 3-14 文档类型标识对应表

文件类型	文件类型说明	字母标识	对应英文
流程图	流程图文件	C	chart
说明类	流程指南、流程说明书、流程手册等说明文件	G	guidebook
表单类	流程表单、申请表单、数据表单等	F	form
模板类	流程指南、说明书、流程手册、操作指导书、表单等模板	T	template

举个例子：如图 3-19 所示，HCC-IPD-NPD-HDD-C-001 表示为 HCC 公司的硬件开发流程图文件编号。

```
HCC  IPD - NPD - HDD - C - 001
 │    │     │     │    │    │
 │    │     │     │    │    └── 编号为001
 │    │     │     │    └────── C-流程图文件
 │    │     │     └──────── 三级流程标识：HDD（硬件开发流程）
 │    │     └──────────── 二级流程标识：NPD（新产品开发流程）
 │    └──────────────── 一级流程标识：IPD（集成产品开发流程）
 └──────────────────── 企业标识：HCC（企业名称缩写）
```

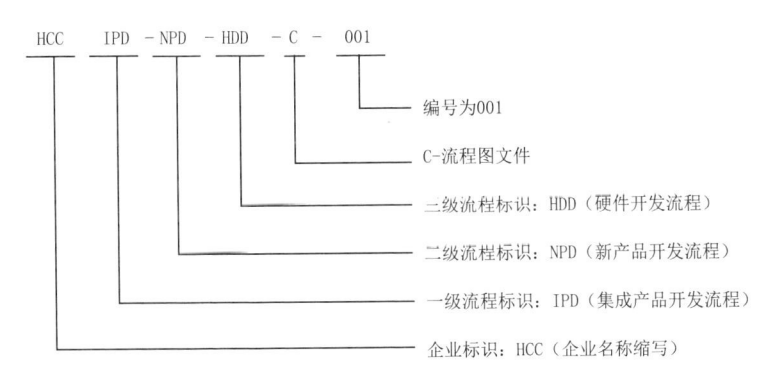

图 3-10 HCC 公司流程图文件编号（示例）

统一规范流程版本号

流程文件同样需要版本号，版本号是在文件编号基础上版本的唯一标识，采用升级迭代的方式管理。流程版本号用于企业内部，包括流程使用人和流程管理人。流程文件每次变更或升级，都应升级文件版本号以表示当前版本与过往版本的差异。通常在流程发生变更升级时，流程变更涉及的相关流程文件都需要同步更新，版本号也随之升级。企业可根据流程情况定义版本号的规则。只需遵循简单够用、易于理解、统一标准的原则。

发布流程文件

标准化和规范化流程文件之后，可正式向流程使用者公开发布，这标志着流程阶段性建设完成，发布意味着流程文件正式在组织范围内生效，所有流程执行者和流程管理者都应遵照发布后的流程文件执行相关流程。流程文件发布后，需要同步归档，以便流程执行者查阅。

以上是流程建设的"四阶十二步法"，源于我在华为流程建设方面的实践、研究和总结。"四阶十二步法"与华为流程建设实践总结的"Y模型"不谋而合，如图3-20所示。

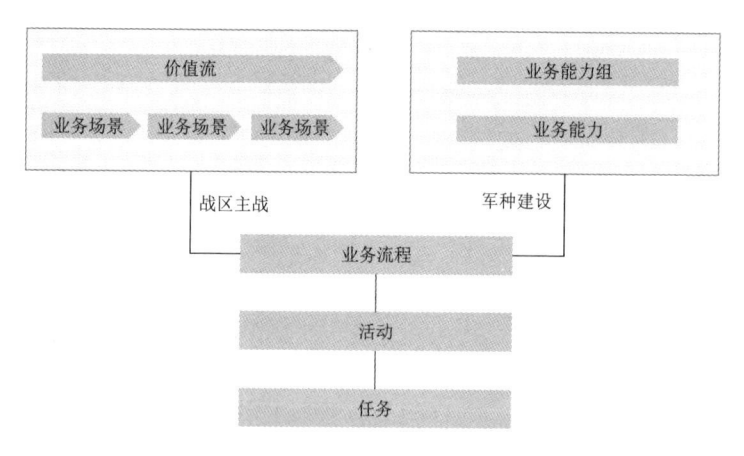

图3-20 华为流程建设的"Y模型"

"Y模型"融合了"战区主战"和"作战军种"的思想，首先，从客户价值链中识别价值流和业务场景；其次，沿着价值流和业务场景，适配业务能力；最后，融合价值流和业务能力，构建企业业务流程。

流程建设"四阶十二步法"是"Y模型"的进一步展开，分为四个阶段：明确需求，梳理业务，设计流程，发布流程。"四阶十二步法"基于业务价值流目标达成，聚焦业务能力建设，提供了一种承接战略的流程建设落地之法。在明确需求阶段，对准客户，梳理并明确建设需求；在梳理业务阶段，基于价值流和业务场景梳理业务，匹配业务能力；在流程设计阶段，以流程设计六步法，将具体化的价值流、业务场景与业务能力匹配进行流程设计。对于"四阶十二步法"，无论企业从零开始建设流程，还是在原有基础上升级优化流程，均可使用。该方法已获得超过50家不同行业企业的成功验证，在流程建设上具有较强的可落地性。

当然，流程建设完成，并不代表流程建设工作就结束了，流程只有用起来，用好它，流程建设工作才有效。

第四章
流程推行:"大军挺进,大浪淘沙"

很多企业认为，只要流程建设完成，流程文件发布就代表流程推广实施了。殊不知，流程发布并不代表流程落地执行。即使流程建设得再好，流程推行也必不可少。缺少推行，往往是流程建设的成果无法落地的主要原因。流程应该如何推行？华为采用了"大军挺进、大浪淘沙"的推行模式，值得企业借鉴。

推行的核心就是改变人

流程推行是流程建设走向成功的关键阶段，是流程建设与落地的接口，这个接口衔接得好不好，直接决定了精心规划建设的流程能不能达成目标、取得成效。所以，无论流程规划的蓝图何其宏伟，流程建设如何严谨，终究只是停留在纸面上，流程推行过程才是真刀真枪的实战。

流程推行是一件难度极大的事，流程要落地赋能业务，必然会改变一部分人的习惯，触碰一部分人的利益。根据企业变革失败的统计调研数据，在导致企业变革失败的关键因素中，人是对变革成败影响最大的因素。流程不可能脱离人而单独存在，没有人的参与，流程不过是一张纸，流程也不过是一套没有灵魂与生命的骨架。而处于流程背后的组织和人，是流程得以推行和落地的驱动因素，如果被忽略，流程落地只能是空谈。这也是很多企业流程变革一次又一次轰轰烈烈的开始，而一次又一次失败的真正原因。

一家通信设备研发销售企业，成立15年，过去10年增长较快。但近五年来，年营收持续在12亿元左右，并且利润逐年下滑。该企业经过分析，认为内部结构臃肿，运作效率较低。3年前进行了两次流程变革，均宣告失败。后来，企业专门成立了流程管理部门，高薪聘请流程管理专家，召开全公司动员大会，重新梳理和建设企业流程。经过近一年的流程梳理、架构和设计，输出了近千份流程文件，举行了盛大的流程发布会，并要求全公司使用最新的流程开展业务，以此来宣告流程建设项目的成功和结束。但，接下来的时间里，各部门在使用流程的过程中，总是抱怨流程存在这样或那样的问题，反馈新的流程带来了很多麻烦，严重影响工作效率，阻碍业务的开展。渐渐地，重新规划建设的流程就被使用者们搁置，该企业又重新回到老路，流程变革项目再次宣告失败。

以上案例，企业把流程建设的重点都放在流程规划和流程文件的设计上，但忽略了流程推行这一重要环节，最终导致了流程建设项目的失败。**流程建设不仅仅在于建设流程的"形"——流程框架及流程运营的流程图，还包括流程的"神"——战略之下的业务，以及流程背后的组织和人。** 组织和人是对流程执行落地影响最大的因素，如果忽略，必然导致流程建设项目的失败。

没有推行，就没有执行。变革最大的挑战来源于人，而推行过程的关键也是改变人，改变人的观念、意识、行为和习惯。 在华为被称为"转人磨心"。"转人"就是通过不断培训和学习，提升人的知识和技能，从而转变人的能力、行为和习惯；"磨心"就是"事上练"，艰苦奋斗，在做事的过程中不断修正自我，从思想上和意识上转变，从而符合公司文化，跟上公司战略和发展。流程推行过程中改变人，归根结底就是改变人的流程执行意愿和流程执行能力。

任正非先生认为，流程推行要大军挺进，大浪淘沙。**大军挺进，即流程要像大军挺进一样往前推进，要全员参与；大浪淘沙即采取考核上岗，通过优胜劣汰的方式解决流程推行的问题。不仅要"淘"流程的"沙"**（问题和不足），**还要"淘"人的"沙"**。对于不配合变革、抵触情绪大的人，不管是多大的功臣，有多辉煌的历史，不会做就下。谁也不要阻挡管理变革的浪潮，顺之者昌，逆之者亡。

管理变革是一把手工程，需要变革的领导力，引领管理变革的方向。流程推行仍然是一把手工程，只有在领导者强有力的支持下，流程推行才有可能成功落地。对华为变革管理来说，就是要不惜一切代价,把 ISC、IPD、LTC 整个流程贯通。

任何管理变革,如果最终无法改变人,变革都会走向失败。流程推行也不例外,企业在推行流程的时候,应该围绕人的改变来开展,不改变人的观念,就没有驱动力,不改变人的行为就无法获得执行力。所以,流程推行本质上是在通过推行流程,改变人对流程的观念和改变人的流程处理能力。

推行的步骤和方法(大军挺进)

华为在坚定不移地坚持变革的方向引领下,追求开放、妥协和灰度的变革法,经过 20 多年的变革实践,总结出一套改变人的变革法,称为"船模型"。流程推行也围绕改变人的变革法——"船模型"来开展,如图 4-1 所示。

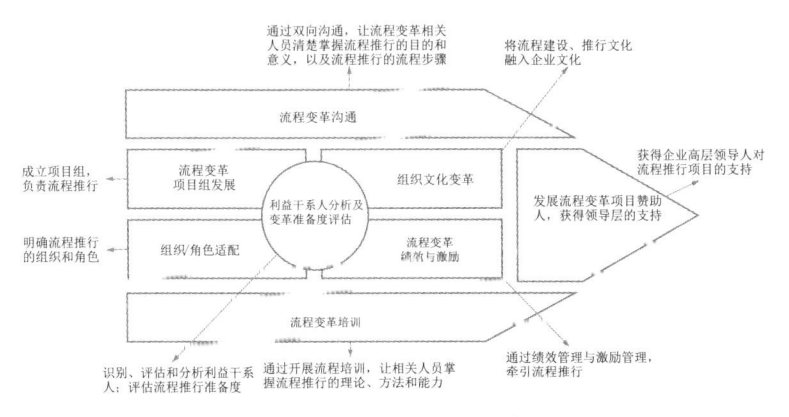

图 4-1 流程推行"船模型"

根据变革人的变革法"船模型"的关键因素,把流程推行当作一个项目来开展,重点关注以下六个方面。

第一,流程推行要获得企业高层领导的支持,尤其是企业一把手。

流程推行是流程变革的一个关键环节，同样是一把手工程。如果没有企业高层领导的支持，流程推行项目就会举步维艰。在华为 IPD、ISC、LTC 流程变革的推行中，都得到了华为总裁任正非先生强有力的支持，这对华为流程变革项目的成功，起到决定性的作用。

第二，贯穿推行项目始终的沟通与教育培训。

流程推行过程中，有两项工作贯穿始终。

首先，流程相关人员必须保持密切的沟通，对流程变革的目标、意义和流程推行的步骤等达成一致。沟通理解一致，是流程推行项目前进的基础，让流程相关人员理解流程推行项目的整个过程，对流程推行项目的开展有事半功倍的效果。

其次，流程的教育与培训。流程推行的过程也是把流程建设的结果从局部推广到整体的过程，在这一过程中，教育与培训不可或缺。流程的教育与培训包括流程推行项目、流程培训、流程管理制度培训等。

第三，推行变革准备度评估及利益干系人识别和管理。

推行变革准备度，包括试点推行准备度、全面推行的准备度，是流程推行的准备情况评估。只有准备充分，流程推行才能达到预期效果。同时，利益干系人是流程推行过程中最重要的制约因素，华为采用了"快赢"和"发展同路人"的方式，最大化地减少利益干系人对流程推行的阻力影响，获得更多的支持者，以"大军挺进"的方式获得推行成功。

第四，成立流程推行项目组、适配组织和角色。

以项目的运作模式开展流程推行，是流程推行的一个重要保证。不仅要成立项目组，还要合理适配推行项目组的关键组织和角色。选对组织、选对人，才能做成事。

第五，将流程推行融入企业变革文化。

流程推行重要环节就是将它融入企业变革文化中，让企业全体理解和认识流程推行作为流程变革必不可少的关键环节，形成思想和观念上的一致认同，再塑造行为习惯。让流程推行获得企业文化上的支持。

第六，流程推行的绩效与激励管理。

流程推行的过程配套绩效管理和激励措施，从绩效与激励制度上进行牵引和约束，引导流程推行相关人员助力流程推行成功。

根据流程推行"船模型"，结合企业实践，我们把推行过程分为五个步骤。

第一步：搭好班子，选对人

大多数流程建设项目都可以基于图 4-2 的流程建设流程，本质上是以流程建设项目的方式开展。

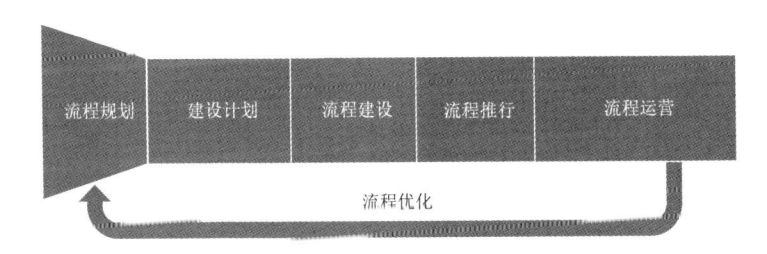

图 4-2 流程建设的流程

以项目方式运作和管理流程推行，就要建立流程推行项目的团队和组织。

首先，选择优秀的流程推行带头人。

任何项目的成功，带头人至关重要。一个合适的带头人，能给项目带来成功，或超出期望的结果；反之，带头人选择错误，必将成为项目的灾难。

某制药企业,选择了一名行政经理来负责实施流程的后期推行,然而这名行政经理前期并未深入参与流程变革项目规划和建设,不具备流程专业方面的能力。在流程推行过程中,因忙于企业行政业务而无暇顾及流程推行,无法躬身入局。流程推行半年,负责人仅组织召开了几次推行会议,最终因难以协调,把流程推行遇到的问题归结为流程建设不满足业务要求。半年后,该制药企业不得不宣布流程建设项目失败。

流程落不了地,规划得再好也只能前功尽弃。以上案例中,先不论流程建设是否存在不足或与业务相悖,单从推行负责人在推行过程中的投入来看,推行负责人并不具备流程推行的能力和时间投入。试想,如此推行,怎能成功?

选择什么样的带头人流程推行才能成功?根据企业实践,企业要想流程推行成功,选择合适的流程推行带头人要具备以下五个关键因素:

第一,具备流程专业知识,理解流程变革全流程;

第二,熟悉企业核心业务和支撑类业务;

第三,获得企业领导人的支持,有协调资源的权力;

第四,具备个人影响力,善于组织和沟通;

第五,具备多项目管理的能力。

通常,在有流程管理部门的企业,企业流程推行负责人由流程管理部门的负责人来担任,负责组织和管理企业流程推行项目。但是,流程推行涉及公司业务各个方面的流程,仅流程管理部门来负责仍然不够,还需要具备其他资源。

其次,成立一个优秀的流程推行班子。

要推行的流程涉及支撑企业战略的各方面业务,企业流程推行过程就需要将流程涉及的相关部门也纳入流程推行项目组。谁的流程，谁负责推行。

很多人认为，流程推行与自己无关，应该由流程管理部门来负责推行。因为在他们看来，这是整个公司的流程运作体系，不是某个局部业务或职能部门的事情。这种想法显然是错误的，这种认知错误如同"人才培养是人力资源部门的事，与业务部门无关"一样。部分企业基于这一错误思想来推行流程，结果推行过程阻力重重，不但没有把流程推行下去，反而遭受业务或职能部门的种种质疑，最终导致流程变革项目失败。

流程服务于业务，**谁负责对应业务，业务的流程就应该谁来负责**。华为采用业务一把手来担任流程负责人的方式，就是要业务部门负责人来主导流程的建设、推行、运营和优化，只有让流程负责人来负责流程的变革和推行，为流程变革的成败负责，才能发挥资源优势，降低推行阻力，助力流程推行项目顺利开展。

华为运营商业务的流程变革负责人是运营商 BG 总裁，企业业务的流程变革负责人是企业 BG 总裁，终端业务的流程变革负责人是终端 BG 总裁，供应链的流程变革负责人是华为首席供应官。

另外，流程推行落地还需要 IT 部门的人员参与，承接流程最终的 IT 固化。所以，流程推行的项目组还包括流程管理团队、各业务团队、IT 团队的负责人、人力资源代表。

如图 4-3 为流程推行项目的组织架构。流程相关人员被纳入流程变革组织。例如，变革组织中必须获得公司一把手的支持，各领域业务负责人也要加入流程变革组织，以确保流程变革获得企业高层的支持。该组织要经过公司正式任命。在流程推行中，企业一把手和各领域业务负责人提供领导力和资源的支持；流程变革项目经理，全权负责流程推行落地。总体组集合流程、IT、业务、HR 等专家，形成推行总体方案的设计和开发、推行过程监督和支持；各流程项目组负责本领域流程的推行落地。

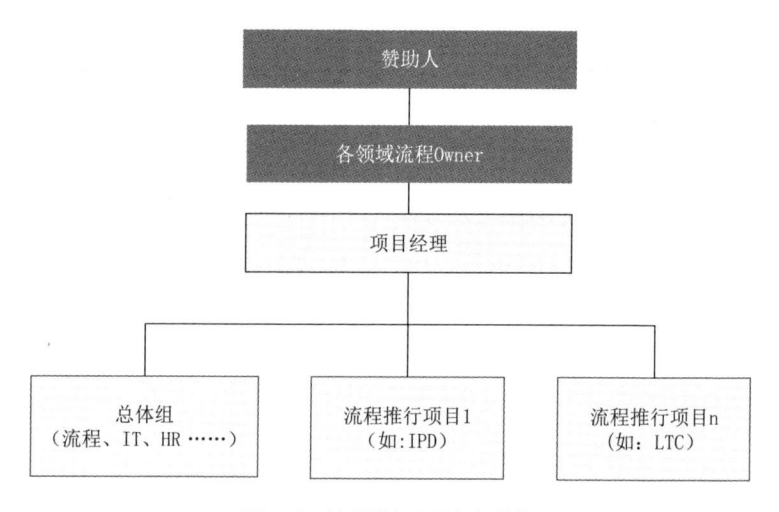

```
                    ┌─────────────┐
                    │   赞助人    │
                    └──────┬──────┘
                           │
                    ┌──────┴──────┐
                    │各领域流程Owner│
                    └──────┬──────┘
                           │
                    ┌──────┴──────┐
                    │  项目经理   │
                    └──────┬──────┘
          ┌────────────────┼────────────────┐
    ┌─────┴─────┐    ┌─────┴─────┐   ┌─────┴─────┐
    │   总体组   │    │流程推行项目1│   │流程推行项目n│
    │(流程、IT、  │    │ (如：IPD)  │   │ (如：LTC)  │
    │ HR……)     │    │           │   │           │
    └───────────┘    └───────────┘   └───────────┘
```

图 4-3　流程推行项目组织结构

最后，以项目运作方式推行流程。

流程推行是企业流程变革项目的验证、试点和全面推行的过程，符合项目的特征要求。因流程涉及企业的各领域业务和资源，协调难度大，涉及较多跨领域或跨部门的流程推行更为复杂。为了获得资源保障，确保流程推行按照企业流程变革项目的整体部署，且符合变革项目的目标要求、时间计划、成本预算和质量要求，采用项目运作的方式开展流程推行是行之有效的方法。

以项目运作方式推行流程，把各方资源纳入推行项目，按照项目管理的方式统筹安排计划，有序推进，可以确保流程推行更有确定性。否则，流程推行容易出现时间长，效果差，甚至不了了之的状况。

一家从事智能产品生产的科技企业，在流程建设完成后，也成立了流程推行小组，但是，没有制订明确的推行目标与计划，推行过程也各自进行，推行小组也缺少必要沟通与协调，过程没有被监督，所有推行人员都反馈推行完成了。但是，经过调查，很多流程使用团队和个人都没有理解流程相关内容，结果当然是流程用不起来。

在华为，流程变革项目基于变革项目管理框架开展，其核心是基于新产品开发设计的逻辑，融合项目管理的方法。其本质上也是流程，在这种模式下，按照流程式的路径和步骤，结合项目管理的方法，更有利于明确目标，整合资源，控制过程质量，保障交付效果，如图4-4所示。

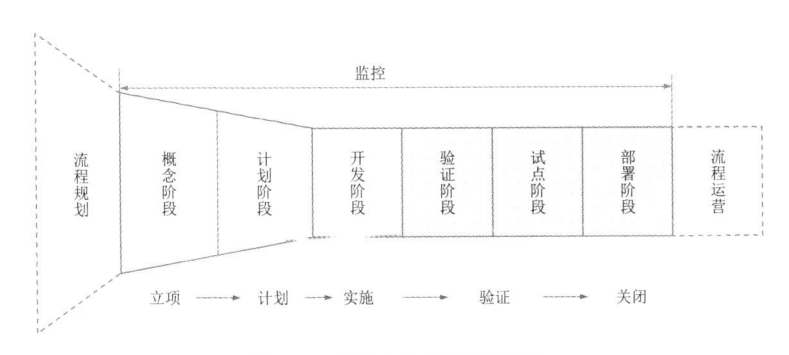

图4-4 流程变革项目管理框架

流程推行虽属于流程变革的验证、试点和部署阶段，仍然要采用项目管理的方式开展流程推行工作。

第二步：识别和消除推行阻力

任何管理变革的成败都由企业的人决定的，变革的成功是因为人，变革最大的阻力也是人，正所谓"成也萧何，败也萧何"。根据企业流程变革实践，在流程推行过程中，能不能有效地识别、分析和管理利益干系人，消除流程推行阻力，是流程推行成功与否的必要条件。**企业在流程推行过程中，只有读懂人心，才能识别和消除阻力，壮大推行队伍，获得更大的推行驱动力。**

分析利益干系人，识别推行阻力

流程推行对不同角色的利益干系人带来不同的影响。因为流程推行必然引发改变，这就会导致一些干系人的责、权、利或工作习惯发生改变，然而，并不是所有利益干系人都愿意做出改变。

企业要想识别流程推行阻力，首先要识别利益干系人。所谓利益干系人，即流程推行项目涉及的所有人员，包括影响流程推行项目或被流程推行项目影响的既得利益组织和个人。企业准确识别流程项目利益干系人，有利于流程推行阻力的识别和消除。我们根据企业流程变革项目，梳理了一套典型干系人网络图，以帮助企业从内外部识别流程变革项目利益干系人，如图 4-5 所示。

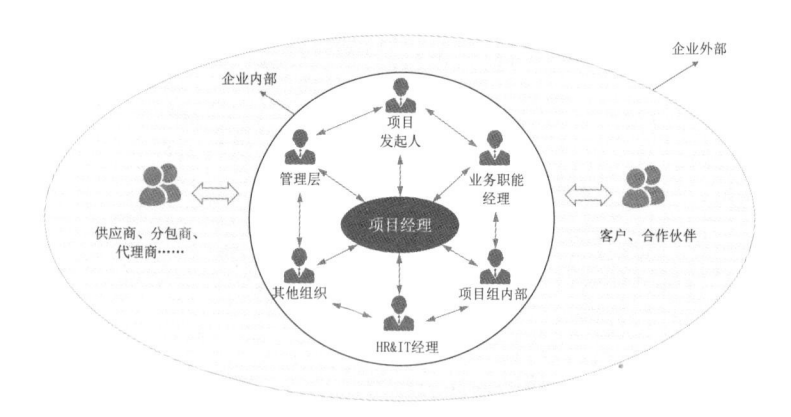

图 4-5　流程变革项目典型利益干系人网络图

企业外部利益干系人包含两个部分：一类是为企业流程提供输入的供应商，分包商、代理商和各分销渠道商；另一类是处于企业流程输出界面的客户和合作伙伴。

企业内部利益干系人包含流程项目发起人、公司管理层、业务部门、职能部门、项目组内部、HR 部门、IT 部门，以及与流程变革相关的其他组织。

在面对流程推行带来的改变时，项目干系人通常会做出两种表现——支持和反对。结合这两种状态和利益干系人的影响力高低，可以识别出具体的利益干系人的影响力对流程的影响程度，如图4-6 所示。

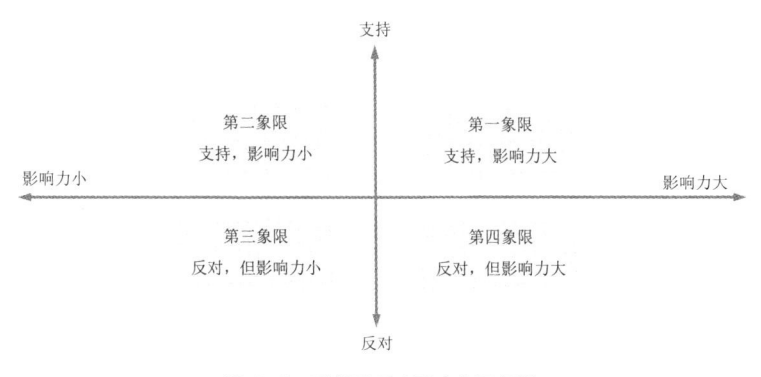

图 4-6 利益干系人影响力四象限

在利益干系人的识别中，通过图 4-6 流程项目利益干系人影响力四象限，根据利益干系人的支持度和影响力，将不同的利益干系人放置到四个象限，我们就获得一张利益干系人影响力的分布图，有利于企业进一步识别利益干系人带来的影响是阻力还是助力。

阻力通常来源于第三象限和第四象限，关注的重点要聚焦在第四象限，因为它们对流程推行项目影响力最大。

根据图 4-6 利益干系人影响力四象限的分布图，将利益干系人对应企业内、外部的人员名单，可以形成如表 4-1 所示的利益干系人影响力名单。

表 4-1 利益干系人影响力的名单

序号	姓名	职务	职责	影响力	态度
1	张三	部门总监	业务负责人	大	反对
2	李四	部门经理	职能负责人	大	反对
3	王五	销售经理	供应商	小	支持
……	……	……	……	……	……

华为在变革实践中总结出了利益干系人影响分析模型，并应用该模型分析了产生阻力背后的原因。

- 谁的观念和行为习惯需要改变？
- 谁的责任变大？
- 谁的权力变小？
- 谁的利益变小？
- 谁的工作量应增加？
- 谁的效率在降低？
- 谁的能力要求更高？
- 谁的体验变差？

根据企业实践经验，通过对以上八个问题的分析，我们很容易发现，产生阻力的原因与以上八个维度的改变直接相关。我们将分析的原因进一步整理成干系人信息表，如表 4-2 所示。

表 4-2 利益干系人信息表

序号	姓名	职务	职责	影响力	态度	期望	利益	权力
1	张三	部门总监	业务负责人	大	反对	保持现状	权力范围	权力缩小

续 表

序号	姓名	职务	职责	影响力	态度	期望	利益	权力
2	李四	部门经理	职能负责人	大	反对	较小改变	工作量	工作量增加
3	王五	销售经理	供应商	小	支持	付款更快	资金周转	不变
……	……	……	……	……	……	……	……	……

企业可以根据流程推行项目的利益干系人梳理总结利益干系人阻力清单，以管理和消除流程推行过程中的阻力。

管理利益干系人，制定应对措施

利益干系人的管理是否有效，直接决定流程推行的成败。为了降低流程推行阻力，促进流程成功推行，企业要对利益干系人进行有效管理。干系人的管理从三个方面进行。

建立分层分级的管理模式

根据利益干系人在流程推行项目中承担的角色，以及带来的影响力，进行分层分级管理。通常可以根据利益干系人对推行项目的影响程度分为三个层级：决策层、管理层和执行层。如图4-7针对不同层级的利益干系人采取不同的管理策略和措施。

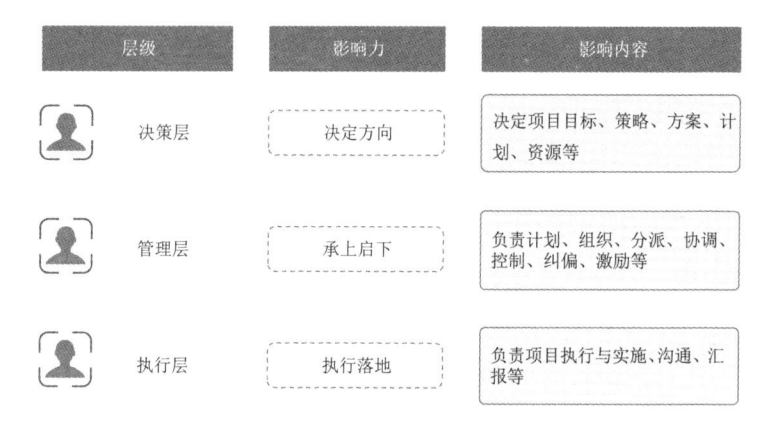

层级	影响力	影响内容
决策层	决定方向	决定项目目标、策略、方案、计划、资源等
管理层	承上启下	负责计划、组织、分派、协调、控制、纠偏、激励等
执行层	执行落地	负责项目执行与实施、沟通、汇报等

图 4-7 利益干系人分层分级

建立良好的沟通氛围

对利益干系人的管理，主要采用沟通方式来管理。大家都很清楚，情绪是影响沟通效果的第一大要素，如果情绪很差，再正确的信息也无法让双方接受和理解。在与干系人的沟通管理中，要建立良好的沟通氛围，一方面在沟通准备时，要注意"四个适当"，另一方面沟通过程中要保持良好的沟通氛围。

1. 适当的时间

沟通一定要选择时机，时机选择不对，即使沟通的意愿很强烈，也无法达到沟通效果，这样的沟通就是失败的沟通。所以选择合适的时间，是做好沟通的基础。比如，某利益干系人正在忙于处理紧急业务问题，此时他的整个聚焦点都放在解决这一问题上，如果选择这个时间与利益干系人沟通，就很容易遭到拒绝。即使利益干系人同意沟通，也达不到效果。比如，在华为每个周期的绩效沟通环节，直接主管通常都要提前预约与下属的沟通时间，确保预约的沟通时间是双方都没有其他事务冲突的时间，以保证沟通效果。

2.适当的地点

沟通的环境是营造良好沟通氛围的一个重要环节，通常在不受打扰、整洁、安静的环境下，沟通双方都能做出理智和清晰的反馈。比如，单独的办公室、安静的会议室、人少的咖啡厅等，这些都是很好的沟通地点。反之，糟糕的环境会严重影响沟通效果，甚至适得其反。

3.适当的信息

沟通过程必须控制沟通内容的范围和边界，避免超出范围的信息传递。超过范围的信息沟通，不仅浪费时间，还会给沟通带来诸多弊端。

- 信息干扰，影响利益干系人的信息接收；
- 喧宾夺主，影响沟通双方的焦点；
- 张冠李戴，影响利益干系人理解；
- 节外生枝，影响利益干系人的决策。

为避免影响与利益干系人的沟通效果，根据流程推行项目利益干系人的分层分级，向不同层级传递他们关注的内容和信息，是控制好适当的信息的关键。

4.适当的人

根据与利益干系人沟通的目标和内容来确定沟通过程需要哪些人参与。比如，要传递需要获得所有利益干系人在流程推行项目中给予支持的内容，则要采用会议沟通方式，通常选择邀请赞助人或高层领导参与，这对沟通的效果有非常大的帮助；如果是小范围的沟通，则要根据沟通对象，选择合适的参与人，同时要考虑沟通双方的职级。

掌握"四个适当"即在适当的时间将适当的信息通过适当的渠道发送给适当的利益干系人，并确保利益干系人正确理解，还需要注意以下几点。

1.互相尊重。表现出专业化与人性化的精神，以诚挚的态度关怀对方，并表现对对方的肯定及应有的尊重。

2.认真倾听记录。不轻易干扰或打断、细心收集资讯、感受对方的状况，并记录，以免有所遗漏或事后忘记的事情发生，在适当的时机给予支持及引导。

3.关键点确认。协助对方对彼此的沟通内容进行整理，并做出总结，以确认沟通结果，避免双方误解。

4.适度反馈。在必要的状况下，适度表达自己的意见，必须把握交流的原则而非制造冲突。

获得利益干系人支持的策略

要想管理好流程推行项目利益干系人，获得利益干系人的支持和承诺，首先要了解产生阻力的根本原因，然后对症下药，解决利益干系人心理上的"恐惧"。通常，产生"恐惧"的原因在于不知道、不理解。只有让其知道和理解，才有可能做到接受和支持，并做出承诺。

1.教育与培训

针对流程推行项目所涉及的相关利益干系人开展教育与培训，是非常必要的手段。首先，通过教育和培训，解决利益干系人"不知道"和"不理解"的问题，让他们理解和认识为什么要做流程推行，流程推行给企业和他们带来什么利益和收获；其次，让相关人员掌握流程知识和技能，提升他们的流程推行能力；最后，教育和培训也是获得利益干系人支持的一种方法。

教育和培训过程可采取以下三个策略。

策略一：分层分类培训。针对不同层级的利益干系人，开展不同的流程推行培训，让决策层、管理层掌握流程推行的整体方案和策略，争取他们的支持；让执行层掌握流程执行方法和技能，顺利地运用流程。另外，按照流程分类培训。比如，研发流程的执行层是研发相关人员，销售流程的执行层是销售相关人员。

策略二：由内向外拓展。从推行项目组，逐步拓展到流程角色，再到流程支撑人员。

策略三：训战结合，注重实效。在培训中加入实战，通过培训让他们掌握实战中的知识和技能，在实际业务中实践。

2. 保持沟通

流程推行培训涉及各个领域的利益相关方，必须保持沟通。如果沟通不到位，或没有沟通一致，必然影响流程推行效果。

3. 保障利益

从长远上来看，流程推行能提升企业运作效率，降低运行成本，提高运行质量。一方面，要通过必要的沟通，帮助流程利益干系人树立追求长期利益的决心；另一方面要建立利益保障机制，防止流程推进对利益干系人在短期内产生较大的影响，降低其后顾之忧。

4. 增强信心

流程推行过程要持续保持对流程执行相关人员的帮助和辅导，让他们感知和体验到流程推行带来的价值收益，如效率提升、工作量降低或质量提高等。同时，做好推行规划和实施步骤、协调支撑流程执行所需要的资源，降低流程执行者的工作难度，增强流程变革利益干系人的信心。

发展同盟军，壮大推行队伍

流程推行意味着一种新的业务运作模式的产生，这必然对原有业务运作模式带来冲击。新旧更替的变化，势必影响企业一部分管理和执行层的利益，改变他们的行为习惯。

然而，人们总是习惯于过去，要改变过去已经形成的习惯，其难度远远大于重新开始做一件事。大多数人墨守成规，不支持流程变革，就形成了流程推行的阻力。

企业要想把流程推行落地，必然要面对"拒绝"改变的阻力。唯有获得更多的支持者，才能对冲这种阻力，将阻力转化成助力，走向成功。所以，流程推行的过程本质上是一项不断发展流程变革支持者的工作。当然，要发展更多的同盟军，除了识别阻力产生的根本原因，还要分析流程利益干系人在流程推行上的意愿和能力，如图4-8所示，我们将流程利益干系人分为四个象限，根据所处的不同象限采取不同的发展策略和措施，以壮大流程推行队伍。

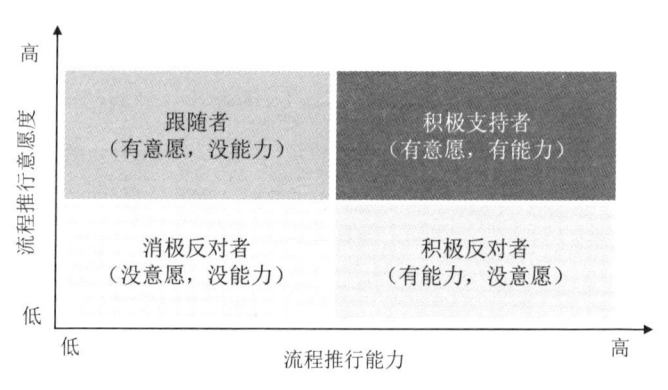

流程推行意愿度		
高	跟随者 （有意愿，没能力）	积极支持者 （有意愿，有能力）
低	消极反对者 （没意愿，没能力）	积极反对者 （有能力，没意愿）
	低　　流程推行能力　　高	

图4-8 利益干系人意愿与能力识别

1. 积极支持者

积极支持者，通常不仅在流程推行落地的意愿上支持，同时还具备较强的流程落地能力，能够高效地完成推行任务，并对流程推行过程中遇到的问题和困难提供支持和反馈，积极支持流程推行项目。我们应充分发挥积极支持者的影响力和能力，形成流程推行的同盟军。

2. 跟随者

跟随者，通常是在观念和意识上认可和支持流程推行落地，但往往缺乏支持流程推行的知识、技术和技能。只要加强对他们能力的提升和训练，他们将成为有力的支持者，助力流程推行的执行落地。

3. 积极反对者

积极反对者，一方面，对流程变革与推行工作，从观念上和意识上都不认可、不赞同，甚至持反对态度；另一方面，不具备流程变革和推行相关的知识和能力。

对于积极反对者，我们要深入分析他们反对的根本原因，从意愿和能力两个方面着手解决。一方面，通过教育与培训、沟通与辅导，帮助他们理解流程变革项目的重要性、中长期的价值，以及对他们产生的价值和收益点，让他们改变观念，从态度上理解和支持；另一方面，通过流程培训和辅导，让他们掌握流程相关知识和能力。同时借助企业管理变革的管理制度、绩效措施等，驱动积极反对者改变。

但是，对于少数人来说，即使通过教育与培训、沟通与辅导，仍然无法改变积极反对者的意愿和能力，为了捍卫变革的成果，企业应该根据实际情况采取必要的惩处措施，包括清退。

比如，华为在1998—2002年开展的IPD变革期间，清退了很多反对变革的老员工，这就是为了获得变革的成功不得不做出的积极改变。

4. 消极反对者

消极反对者往往具备较强的能力，只是在观念和态度上不认同流程变革和推行。根据实践经验，消极反对者意愿上的不支持分为两种情况：

一是对流程变革和推行项目的理解不够。在这种情况下，我们通常要加强沟通，深入培训，改变他们对项目意义和项目价值的理解。

二是认为流程变革和推行项目造成了自身利益的损失。在他们看来的"利益损失"有两种：一种损失是他们认为的损失，这种情况通常是对未来变化的一种恐惧，他们只看到了流程变革和推行的短期损失，而没有看到中长期的收益，采用沟通的方式就可以消除他们的顾虑；另一种情况是流程推行落地的变化损害了他们的权利或利益。针对这种情况，可以采取临时替代措施及长期措施，保障他们的利益，消除他们的阻力。

值得注意的是，消极反对者通常具备较强的能力，是扩大同盟军队伍的潜在力量，企业应当将他们发展成为流程变革和流程推行的支持者。

在一家电子行业企业的流程管理变革过程中，一位研发总监认为原有流程已经很高效和顺畅了，在流程变革和推行落地的过程中，始终坚持不支持也不配合的态度。后来在多次的、深入的沟通交流中，我挖掘出研发总监反对的根本原因：流程推行落地后，缩小了他的权力管辖范围。于是，针对这一"痛点"，团队帮他分析了流程落地后，企业将如何解决他们前期遇到的问题和困难，管辖范围变小，对他聚焦产品研发，提升产品成功带来的好处，以及对未来工作带来的收益，帮助他从心理上解决了"顾虑"。最终，这位研发总监成为流程推行项目的主力支持者，不仅把自己的流程推行落地工作执行得很好，还协助和支持其他团队达成流程推行落地。

第三步：从局部推行到整体覆盖

流程推行过程要从局部推行，逐步扩大到全面推行，一步一夯实，才能做到稳步前进。从局部推行，选择业务场景进行试点，试点成功之后，再逐步推广。但是，在企业流程变革实践中，有很多企业遗漏了流程推行过程，导致流程建设失败的案例比比皆是。

局部试点推行

所谓局部试点推行，就是企业选择一定的业务范围作为试点，端到端地推行企业流程。请注意，虽然是局部试点，但也要强调端到端，因为客户创造价值的过程是端到端，只有保证端到端才能保障试点验证流程的完整性。

企业通过推行试点流程，可以达到以下三个效果。

第一，进一步验证流程效果。

流程建设和做产品一样，都需要进行试点验证。比如，我们做手机产品研发，每一次研发设计完成的样机，通过研发测试团队测试之后，都要到生产线上做几次小批量试制。试制生产出来的手机，再进入各种实际应用场景中验证。通过生产试制，验证产品对生产可制造性的支持程度；通过实际业务场景验证，验证手机满足客户需求和各种应用场景的功能和性能。

企业可以选择试点领域对设计的流程进行试点验证，以验证流程满足业务管理需求的程度，同时，验证流程是否具备进一步推行的条件。这种按部就班的方式，是避免遗留问题扩大化的方法，也是一次性把事情做好的核心。

一家食品装备供应企业，在流程设计完成之后，并没有经过流程试点推行，而是直接全面推行，结果因为流程设计存在缺陷，且未被发现，全面推行之后，导致产品在交付客户的过程中产生多次产品交付的失误，给企业造成巨大的损失。同时，也让流程建设的结果被全面推翻。

第二，为全面推广积累推行经验。

流程要走向全面推行，必须具备全面推行的条件。流程试点验证过程发生在真实的业务场景，这些条件都可以在流程试点推行过程中提前验证。所以，即使在推行试点过程中发现流程的不足和缺陷，也只会影响局部业务，而不会影响全公司范围的全部业务，这样可以最大限度降低遗留的问题带来的影响。

通过流程试点推行验证，需要回答以下问题：

1. 为什么推行试点流程？
2. 流程推行要做什么？
3. 谁来主导流程推行？
4. 选择什么业务试点推行流程？
5. 如何开展流程推行？
6. 推行试点流程是否满足业务实际场景？
7. 试点推行培训工作是否到位？
8. 是否具备全面推行的可行性？

第三，发展同盟军，消除推行阻力。

流程试点推行的意义不仅在于流程本身，还承载了发展支持同盟军、消除变革阻力的作用。**消除流程推行的阻力，其核心在于让他们看到流程试点推行后产生的价值，即以流程试点的"快赢"，消除流程推行利益相关者对变化的"恐惧"**。同时，从试点流程推行的价值呈现，让他们看到流程推行落地的效果，增强流程推行落地的信心。

全面推行覆盖

只有在试点推行之后，具备全面推行的可行性，且全面推行的准备满足要求时，才能进入流程的全面推行阶段。值得注意的是，流程全面推行并非在试点推行完成之后，而是要根据企业的实际情况，分步骤、分类别地逐步扩大推行范围。

全面推行要追求"稳"，既要大军挺进，也要平稳过渡。

一方面，推行的过程可按照计划和步骤有条不紊地进行，不创造惊喜或惊吓；另一方面，推行过程要考虑对原有业务带来的冲击，相比原来的业务或流程运作模式，新旧切换要平稳过渡。

比如，华为LTC（从线索到回款）流程的推行过程是先在代表处推行落地，再推进到地区部，然后面向全公司推行，这样的推行过程就是平稳过渡。

调整组织，适配流程

在流程推行阶段，企业要想让流程对标战略，赋能业务，持续高质量运营，不仅要改变人——消除变革阻力，还要改变组织——组织匹配流程，提高流程的运营效率。

流程推行过程中，企业要验证流程与组织的匹配度。如果流程与组织不匹配，企业要调整组织，让组织适配流程。**实现流程牵引组织，组织驱动流程，沿着流程建设组织能力，打造以流程为核心，为客户服务的运营体系。**

流程角色与组织匹配

企业在流程推行过程中，流程建设的成果还未落地，流程推行过程需要组织能力加持。流程变革往往会带来流程与组织的不匹配，尤其是战略和业务变化导致的流程变革组织不匹配的情况更多。

当企业遇到这种情况时，到底要以流程为主，还是以组织为主呢？这是令很多企业感到困惑的事情。在华为的变革实践中，**华为总裁任正非先生曾说过一句话，在组织与流程不一致时，我们要改变组织以适应流程**。在任正非看来，组织是为客户服务，不是客户为组织服务。

诚然，流程的运转需要不同角色来驱动。流程角色是流程活动对知识、技能和能力的整体需要。比如，市场代表、销售代表、产品经理、开发代表、硬件代表、软件代表、测试代表、制造代表、服务代表等。这些角色都是流程运转所需的各类专业的能力需求。

但是，在企业组织中，通常流程角色与岗位不可能一一对应，如何匹配，如何为流程分配角色？首先，让流程角色能力与岗位能力进行匹配，然后再将岗位分配到流程对应的角色中去。比如企业中没有设置"开发代表"的岗位，我们可以通过角色能力与岗位能力的匹配的方式来为流程匹配"开发代表"这一角色。其次，可以根据能力匹配：任何具备产品开发统筹管理能力的研发岗位人员都可以承担"开发代表"这一流程角色。如果某研发项目经理具备流程角色（开发代表）的能力，就可将其匹配为流程的"开发代表"角色。

实际上，**流程角色与组织的匹配关系属于间接关系**。因为，企业中每个岗位都归属于企业的某个组织，流程角色先与岗位的能力进行匹配，再通过岗位间接的与组织建立匹配和对应关系。如图4-9所示。通过角色、岗位的匹配关系，流程角色与组织建立联系。

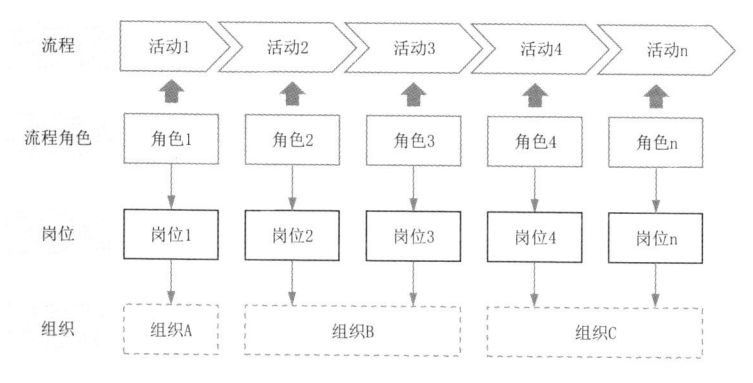

图 4-9 流程角色与组织的关系

好比龙舟比赛场上的龙舟，虽然不同地方的风俗习惯不同，但龙舟上的配置角色是一样的。在龙舟上，至少有三个角色：一名鼓手，配置在龙舟的船头，负责统一划手划船的节奏和鼓舞士气；偶数名划手，配置在龙舟的两侧，负责龙舟前进的动力；一名舵手，配置在船尾，负责掌握龙舟的前进方向。鼓手、划手、舵手就是龙舟上配置的角色，这些角色具体由哪位赛手来承担，要根据角色要求和赛手的能力来决定。

在业务流程中，如果把角色替换成岗位，流程就不是为业务赋能，而是流程为组织赋能。如果这样，流程必须由企业组织的岗位设置来决定，流程就变成了面向组织的流程，而不是面向业务驱动的流程。

在企业流程实践中，有不少企业的流程设计中没有角色，只有组织或岗位。实际上这是对流程角色理解偏差造成的。**在这种情况下，流程就成为组织管理的助手，跟随组织的变化而变化，即当组织和岗位发生调整时，流程就要跟随组织的变化而变化。**这也是造成很多企业流程与组织不匹配的原因。

分层分级调整组织

一个完整的流程推行过程，要求组织在流程推行的过程验证流程与组织的匹配度。当组织与流程不匹配时，企业在流程推行过程中要调整组织流程。组织的调整策略是以端到端的流程为主线，沿着流程调整组织。

流程是为客户和企业创造价值的运作机制和规则，流程建设采用端到端、分层分级的架构建设方式，其目的是对准战略，端到端服务客户。组织在匹配流程时，也要遵循这一原则，按照分层分级对应流程的方式匹配。如图 4-10 所示。

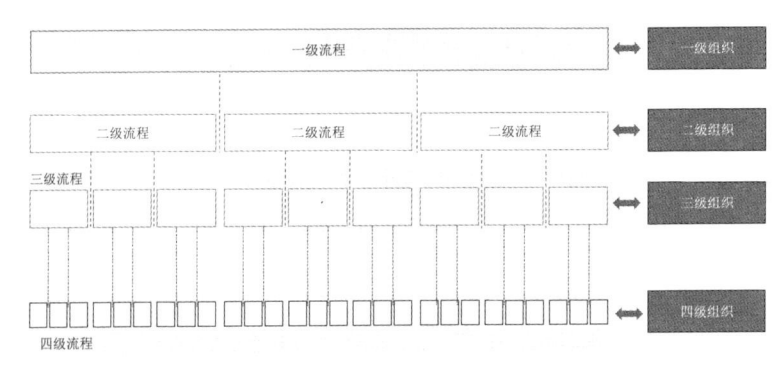

图 4-10 流程与组织分层对应关系

结合流程的端到端运作与专业分工理论，组织匹配流程时，应形成流程与组织的层级对应关系，确保一个完整的流程由一个完整的组织来支撑和赋能。

一级流程对应一级团队组织，二级流程由对应二级团队组织，三级流程对应三级团队组织，依此类推。当然，一个企业的流程层级和组织层级不能太多，一般来说，层级不会超过 5 层。因为扁平化管理有利于提高企业运作效率。

在流程推行验证组织与流程匹配的过程中，还有一类情况也要注意——同一个流程的流程角色出现跨组织的情况，如图 4-11 所示。

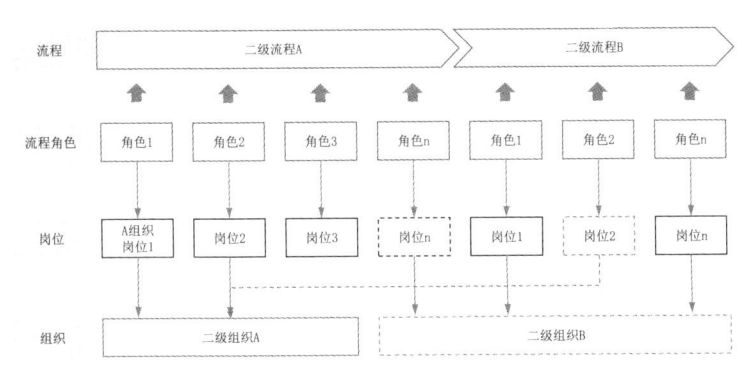

图 4-11 流程角色跨组织的情况

如图 4-11 所示，一个完整的流程中的流程角色出现了跨组织的情况，在流程推行中遇到这种情况要特别注意，这样的匹配关系是否合理，比如以下例子就是一种不合理的情况。

> 一家软件企业的产品经理担任产品规划和产品需求分析的角色，该企业的产品经理归属于产品开发团队。因为产品开发团队通常只接收产品开发任务，然后进行产品开发，仅有很少的机会与客户接触，所以产品经理也缺少了对外接触的途径和资源，只好关起门来规划产品，导致规划出来的产品并不能满足客户痛点与需求，严重影响了企业产品的投资回报率。

当然，在跨部门的流程中，流程角色跨组织的情况也存在。比如，在企业客户服务流程中，因为涉及产品，部分产品问题仅靠售后服务团队不能解决，还需要研发部或技术部门的参与。在跨部门或跨团队的流程运作中，不一定要调整组织，但要重点关注组织分工是否合理，边界是否清晰，职责是否分明，接口是否稳固。这是流程得以高效运行的前提。

　　除此之外，流程要高效率、高质量、稳定并且安全地运行，离不开流程的运营管理。

第五章

**流程运营:"深淘滩,低作堰",
让流程高速行驶**

在流程运营过程中，如何快速响应客户的需求？企业前端如何获得后端的快速支援？这是很多企业在企业运营中面临的难点。很多企业在流程运营过程中，一方面想赢得胜利，另一方面，又担心失去控制。在这种情况下，大多数企业选择了优先保障后者，在流程上设置重重卡来管控流程风险。毫无疑问，这种做法必然会降低流程的运营效率，降低为客户服务的敏捷性。当企业感知到管控影响运营效率时，企业又放松了管控，这就容易导致乱象丛生。于是，出现"一抓就慢，一放就乱"的现象。如何既敏捷响应客户的需求，又合理地监管和防范风险？

"深淘滩，低作堰"这一管理思想同样也融入华为的流程运营，"深淘滩"，就是要不断挖掘内部潜力，形成前端敏捷反应、后端迅速响应的高效流程机制；"低作堰"，就是要控制腐败，降低成本，有效管控风险。既发挥了"让听得见炮声的人来呼唤炮火"的充分授权，又保障了"炮火"资源的不浪费，值得企业借鉴。

像高铁一样高速安全行驶

很多企业认为流程管理工作止于流程建设，他们认为当流程推广应用时，流程管理工作就结束了。但是，流程运营并非只是执行者去执行流程的过程，还要解决如何让业务流程正确、快速、低成本和高质量地运行的问题。

流程运营管理的重点是提升流程运行效率，提高业绩产出，降低运营成本，让听得见炮火的人来呼唤炮火，形成前端牵引后端、后端快速响应的高效运作机制。

企业提倡"让听得见炮火的人来呼唤炮火"，但没有人敢呼唤炮火，其原因在于——缺乏流程授权和监督的管理机制。只有做好流程授权与监督管理机制的平衡，才能提升流程运营效率，创造经营绩效。

不要因怕出事，就不"发车"

很多企业的流程运营过程，总是受到各种抵触和诟病。业务部门认为流程阻碍了业务的发展，职能部门认为流程增加了负担。企业业众多的流程成为大家的一块心病，凡事都要走流程，但流程运作缓慢。所以，很多人会发出了这样的感叹："不是在走流程，就是在走流程的路上。"

我在给企业做流程咨询的时候，也遇到很多流程节点超长的案例，尤其是在管控类的流程上。比如，一家房地产企业，为了防范风险，设置了很多管控流程，其中一个管控流程需要经过13个节点的审批，一个审批走下来，最快也需要一周时间。因为流程众多，缺少授权，导致该企业同时有100多个流程处于在途状态，甚至部分在途流程已经超过半年。各业务线的负责人安排专人负责跟催流程，但因审批人"业务繁忙"，跟催流程几乎无效。业务负责人面对一个又一个错失的市场机会，只能望洋兴叹。很明显，在客户机会和管控要求面前，该企业选择了后者。

为什么会出现这种情况？究其原因是企业缺乏有效的流程运作机制，不敢授权，导致小公司犯了大公司病，业务运作效率低下，运营成本居高不下。长此以往，不仅影响企业业务运行效率，还给企业带来如下不良习惯：

- 眼睛盯着老板，屁股对着客户的习惯。
- 不愿决策，事事请示的习惯。
- 不愿意承担责任，把失败归结为流程和流程决策者的习惯。

但是，为什么像华为这样拥有20多万员工的企业，在业务运作上如此敏捷，作战如此迅速？其中有一个很重要的原因：华为建立了端到端的业务流程运营体系，沿着流程授权和行权，提高了流程运营效率。

在华为总裁任正非先生看来，华为的流程授权机制，就是把权力放进流程里，流程拥有权力，而最高领袖没有随意改变流程的权力，最高领袖只能制定规则。所以，业务才能像高铁一样快速前进。企业如果不解决流程授权问题，不减少审批环节，提高流程的运营效率，只能不断错失商机。事实上，**对于已经有标准和规范的流程，或者成为惯例的东西，不必请示领导，应快速让它通过，让业务的火车跑起来。**

企业经营的目的是优化资源配置，准确、快速、低成本、敏捷地为客户服务，帮助客户创造价值。如火车一样，不能因害怕出事就不发车，跑起来才最重要。

横纵授权，牵引火车高速前进

华为流程建立了分层分级的横向和纵向两种授权机制，其目的是让流程的火车高速地前进。一方面保障前端对商机做出敏捷反应，抓住稍纵即逝的商机；另一方面让后端快速响应前端需求。两种授权机制，如图5-1所示。

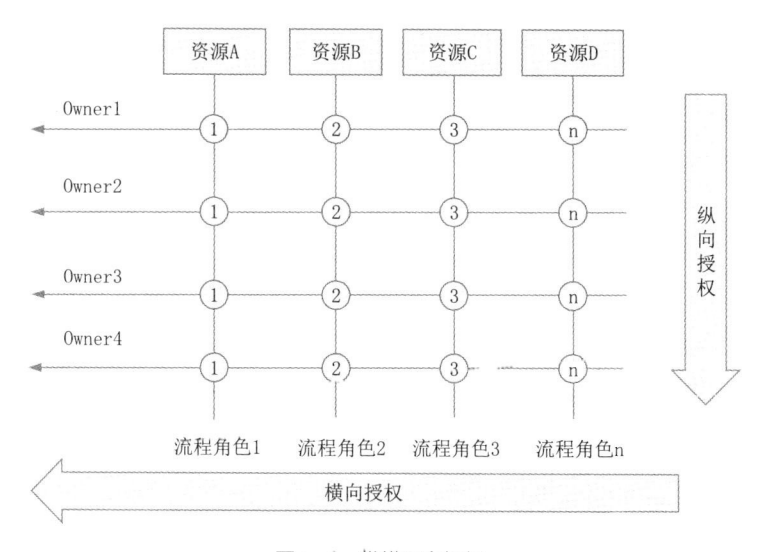

图5-1 纵横双向授权

沿着流程横向授权

横向授权，是端到端面向流程责任人的权利授权。流程责任人责任制是端到端拉通业务的核心，是流程运营的基本保障。采用分层分级的流程责任人责任制，赋予不同层级的流程责任人不同的责任和权利。在端到端的一级流程中，流程责任人负责流程的整个端到端贯通，各级流程责任人负责流程的横向贯通。通过端到端贯通，分层分级授权，确保以全局的视角来管理和运营流程，让流程跑得更快。

在华为，流程责任人通常由业务主管来承担，以流程责任和权利来运营和管理流程，而非职能责任和权利。这样做至少有三个好处：

1. 保障每个流程都有对应的流程责任人负责流程的端到端贯通。

2. 流程的运营、管理和优化有对应的流程责任人负责管理。

3. 保证流程和业务"一张皮"运作。

但是，在很多企业的流程中缺少流程责任人，即使企业定义了流程责任人，流程责任人的责权也仅等同于业务部门的责权，基于负责人的权利范围，流程责任人无法端到端拉贯流程。因为没有端到端覆盖流程，最终导致只有人管做事，没有人管结果。

垂直流程纵向授权

在分层分级之下，除了对流程横向授权，还要对流程纵向授权。纵向授权就是对流程角色授权。在端到端的业务流程（通常都是跨部门的业务流程），如果流程中的角色没有对应的责任和权利，当流程运行过程需要流程角色专业决策时，流程角色必须回到其所在的职能部门获得决策意见，再根据所在职能部门的意见反馈到流程。这种情况，必然带来流程的效率损失。

华为人都有一种感受，在流程中承担流程角色的人，通常权力都很"大"。

在 IPD 流程中，产品研发是一项跨部门的协作，某 PDT（产品开发）团队由 PDT 经理、开发、测试、质量、采购、制造、服务、财务、市场各领域的代表共同参与，如图 5-2 所示。

图 5-2　某 PDT 团队组织构成

在产品开发团队中，PDT 经理通常由 PDT 的负责人担任，各领域的代表承担 IPD 流程角色。但流程角色并不是由流程角色所在的职能部门负责人来担任，而是由职能部门或产品管理团队任命的人来承担。各个领域的代表也不是该领域的团队负责人，但在 IPD 流程中，他们却全权代表所在的职能领域。比如，PDT 中的制造代表，虽不是制造团队的负责人，但在产品开发流程中，制造代表作为制造领域的代表，在该 PDT（产品开发）团队代表制造职能，在产品研发的角色评审过程中，他的评审意见就是职能部门的意见。

通过流程纵向授权，把职能部门权力授予对应的流程角色，提升了流程的决策效率。很多人感觉流程角色的权力大，就是流程纵向授权的结果。

综上所述，采用分层分级，沿着流程的横向授权和纵向授权的方式，不仅保障了流程端到端的贯通，而且提升了流程运营的效率。

流程授权的保障

企业想让流程的火车高效地跑起来，实现"让听得见炮火的人呼唤炮火"的流程运营机制，就要建立流程的授权机制。如果企业缺乏流程授权，就无法走出"一抓就死，一放就散"的现状。流程授权并非凭空架设，也不是一纸授权书就能发挥流程授权的效力。要想横向授权和纵向授权发挥效率，驱动流程高效运营，要在端到端建设流程的基础上，保障以下四个关键。

第一，一切为一线着想，前端牵引后端。

流程运营的目标是始终围绕以客户为中心，构建为客户创造价值的流程体系中心。对准客户，不是对准老板或对准领导，是对准流程价值创造输出的对象。流程的运作方式要由后端"推动"前端，改为前端"拉动"后端，给一线授权，让一线有足够的权力。通过对前端一线的拉动，牵引流程后端提供"火力"支援，把后方变成系统的支持力量，流程才能真正实现敏捷反应——"让听得见炮火的人来呼唤炮火"。

第二，建立流程责任制。

流程责任制是流程运营管理的基本保障，华为和IBM都建立了流程责任制，并且采用分层分级的方式，任命流程责任人。华为认为，流程责任是分层分级的，不同层级应该有不同责任要求。每一级的流程责任人端到端负责对应的流程。流程责任人为端到端流程负责，与业务管理层共同对流程设计，对流程推行和流程运营的有效性负责，负责及时更新和优化流程，监督流程的执行状况。处于业务流程中各个角色上的责任人，无论职位高低，都要行使流程规定的职权，承担流程规定的责任。流程责任制的核心是及时准确地提供服务和支持，追求多产"粮食"。

第三，培养流程角色能力。

流程角色是驱动流程前进的动力。处于流程各个岗位角色的人是否具备流程角色的能力，直接影响流程的运营效率。企业应根据流程角色的职责和能力要求，组织流程相关能力和技能提升培训，让支撑和赋能流程运营的流程角色掌握流程的知识、技能、工具和方法。只有在具备驱动流程能力要求的流程角色的赋能下，流程运营效率才能提高。

第四，建立流程组织的能力基线。

流程授权的范围，不仅跟层级相关，还跟组织的能力基线相关。所谓能力基线（Capability Baseline），是指一个组织或系统在特定时间的能力水平，也叫过程能力基线（Process Capability Baseline）。

建立流程组织的能力基线，授权范围就变得简单清晰，因为能力基线代表本组织现有能力的最高标准，只要满足能力基线要求的权力就可以授权，如果超出能力基线范畴，则不予授权，举个例子。

假设你是采购部门的负责人，你安排了7个采购代表分别服务于7个产品线，你为采购部门建立了采购能力基线。比如，采购电脑设备的能力基线是3天以上（最快3天采购到位）；采购产品物料的周期是15天以上（最快15天采购到位）；你的7个采购代表都很清楚部门的能力基线（不同采购对象需要的最短周期）。当产品线要求采购代表在10天内（小于能力基线15天）完成物料采购时，任何一个采购代表不需要向你申请，就可以代表部门提出拒绝。

能力基线本身代表组织的最高能力水平，也是组织保障质量输出的最低要求。凡是在能力基线要求范围内的内容都可以直接授权。

双层监管，保障流程安全"行驶"

流程运营管理，好比一辆高速行驶的火车，不仅要有驱动流程高速行驶的驱动系统，还要有保障火车安全行驶的制动系统和保护系统。如果只有动力系统，而没有制动和安全保护系统，再先进的列车也无法安全到达目的地。流程运营管理也是如此，既要有驱动流程快速运行的双向授权机制，也需要流程运营的监督与检查。

华为在流程运营管理方面，不仅在流程授权上让流程的火车跑得快，还把监督和检查作为流程安全行驶的监管机制。任正非先生认为，内控、监管不是降低速度，而是让流程顺畅后速度更快。保障了流程的安全、稳定，才能让流程顺畅、快速地为客户创造价值，同时给企业带来收益。

流程的监督管理机制，主要采取三项措施：职责分离、遵从性测试和流程控制评估。

职责分离（SOD）

职责分离，英文简称 SOD，是 Separation Of Duty 的缩写。职责分离是一项控制措施和制度，是指在一个组织或流程中，将同一任务的执行分散到不同的职责，以减少个人的执行权限，防止员工在不被察觉的情况下滥用或转移公司资产。

职责分离（SOD）要求同一任务不能由同一个执行者独立完成，只能以团队的形式共同完成，从而防止单个执行者滥用职权。同时，职责分离也是按专业分工、强调团队协作、提高组织效率的一种方法。

在某企业的采购流程中，每一个环节对应不同的流程角色，包括请

购、审批、确定供应商、采购、采购合同审批、采购验收等。因采购涉及采购资金，只有职责分离，才能确保办理采购与审批业务的不相容职责分离，形成相互制约和相互监督的机制，保障企业资产的有效利用。如表5-1所示，是以某采购审批流程为例的职责分离。

表5-1 职责分离 SOD 表（某企业采购样例）

职责 角色	请购	审批	确定供应商	采购	采购审批	采购验收
采购申请人	R	×	×	√	×	×
需求负责人		R	×	×	×	×
供应商确定 负责人			R	×	×	×
采购专员				R	×	×
采购负责人					R	×
采购验收人						R

注：R 表示负责（Responsibility），× 表示不兼容（职责须分离），√表示可兼容（职责可兼容），空白表示不涉及。

当然，不仅采购，还有诸多流程也需要实施职责分离，比如财务、研发、销售等领域。如果企业在流程中忽视了职责分离，企业的业务运作必然存在风险。

在财务流程中，若出纳和会计角色为同一个人，在资金收支中就有潜在资金风险；在产品研发流程中，若设计和设计评审为同一个人，在产品设计中就存在潜在质量风险；在销售流程中，若合同洽谈和合同签订是同一个人，在销售中就存在潜在腐败风险等。未实施职责分离的情况为流程执行埋下了隐患——资金或质量风险。

为了规避风险，避免不必要的损失，充分发挥流程的价值。企业有必要根据业务、流程、组织等自身情况在流程中建立相应的职责分离的监督机制。

遵从性测试（CT）

如果企业的流程运营没有按照流程规范和要求执行，或在运营执行过程中与设计目标产生偏移，那么即使企业流程架构设计得天衣无缝，也无法达成企业想要的流程目标。华为采用定期开展流程自检的方式来保障流程执行的遵从度，这一机制被称为流程遵从性测试（Compliance Testing，CT）。

所谓遵从性测试，即执行流程的遵从度检查。是由业务主管或流程责任人定期对流程关键控制点进行例行测试，通过测试衡量执行组织或团队是否按照流程的要求和规范运行流程，通常以季度为周期。

遵从性测试的对象——流程关键控制点

业务主管或流程责任人按照公司流程管理规范和规定，定期对所负责的流程开展流程遵从性的自检。遵从性测试的对象为流程的其中一个关键要素——流程关键控制点（Key Control Point，KCP），主要包含以下维度：

1. 流程关键控制点的权限范围是否符合流程的要求？
2. 流程关键控制点的输入条件是否完整？
3. 流程关键控制点的输出文件是否完整？
4. 流程关键控制点的程序步骤是否符合流程要求？
5. 流程关键控制点的过程是否具备可追溯性？

遵从性测试的步骤

步骤一：抽取样本，由业务主管或流程责任人牵头，选择流程样本和样本数量。

步骤二：样本测试，由业务主管或流程责任人指定测试者，按照遵从性测试的检查表,对已完成的流程进行检查,并记录检查的结果符合或不符合流程规则。

步骤三:编写报告,由流程责任人负责编写流程遵从性测试(检查)报告。

步骤四:流程整改,流程责任人对于流程在遵从性测试中不符合流程规则的项目进行整改。

流程遵从性测试,主要反馈执行团队是否按照流程的标准和规范遵照执行流程,其结果不仅反映流程执行团队或组织的流程执行力,而且从另一方面反映了流程的运营情况。

遵从性测试不仅仅是保障企业流程执行的规范性,还是检查流程是否有效促进业务发展、保障业务安全、避免腐败的重要措施,具体表现在如下两个方面。

第一,检查与业务匹配度,始终赋能业务。

企业的业务随着时间和外部市场和客户的变化而变化,通过流程遵从性测试的检查,企业可以发现业务的变化,以及这种变化对原有流程带来的冲击。如果业务发生变化,就要重新评估业务与流程之间的匹配程度。若二者不能匹配或匹配度不够,则流程对业务的赋能必然受到影响。

流程遵从性检查,有利于企业分析和诊断流程和业务的匹配情况。若不匹配,则现有的流程对业务的支持和赋能能力必然受到影响。从业务经营的视角来看,流程一定存在流程缺陷或不足。此时,应及时采取措施对流程进行优化和升级,以确保流程始终发挥赋能业务的流程价值。

第二,检查关键控制点匹配度,规避风险。

当企业开展流程遵从性测试的同时,如果企业管控环境和业务发生变化，企业在对流程开展遵从性测试时，不能仅限于关注执行过程的遵从度，还要结合业务，关注流程关键控制点与业务的匹配度。

如何理解？既要关注流程关键控制点设置是不是合适？能不能有效保障业务结果的输出？有没有风险，有没有腐败？

如果业务变化或企业内控管理要求发生变化，那么此时，企业要动态刷新流程关键控制点。若业务变化，则要根据业务要求调整流程关键控制点，以确保流程输出得到有效控制；若内控管理要求发生变化，则要调整流程关键控制点符合内控管理要求，避免经营风险。

华为认为业务主管或流程责任人，是内控的第一责任人，在流程中建立内控意识和能力，不仅要做到流程的遵从性，还要做到流程的实质性遵从。流程的实质性遵从，就是行权质量，落实流程责任制。业务主管或流程责任人要真正承担内控和风险监管的责任，95%的风险要在流程化作业中解决。业务主管或流程责任人必须具备两个能力：一个能力是创造价值；另一个能力就是做好内控。业务主管或流程责任人是内控的第一道防线。

流程控制评估（SACA）

SACA（Semi-Annual Control Assessment）顾名思义就是半年控制评估，一年进行两次，分为春季SACA和秋季SACA，SACA主要是流程责任人回顾半年内控工作的开展情况。SACA由各级流程责任人负责对流程评估，评估内容主要包含以下几个方面。

1. 评估内控的有效性

通过SACA的评估检查过程、结果来评估内控的有效性。对于未满足内控管控要求的内容评估方式进行升级优化。

2. 评估流程执行的有效性

通过SACA对流程执行过程控制、对流程结果输出有效性的直接关系进行评估，若执行控制过程未达到期望的效果，则对流程执行过程进行识别，以便于流程的优化与改进。

3. 评估流程的遵从性

SACA测试同样要覆盖流程遵从性。一方面，通过流程遵从性测试检查流程的遵从情况；另一方面，检查各级主管及流程责任人是否按照流程内控的要求定期开展流程遵从性检查。

4. 评估与识别业务风险

通过SACA，评估识别流程设计、流程角色、流程执行过程、流程监管、流程输出绩效等流程运营全过程中存在的业务风险。

5. 评估流程的合规性

通过SACA，评估识别流程运营过程是否符合政策、业务、内控等的合规性要求。

6. 评估腐败风险

通过SACA，评估识别流程运营中可能存在的腐败风险，在评估整改阶段消除腐败风险。

7. 评估流程自我管理机制

通过SACA，评估识别流程是否具备运营管理的自我管理机制，以及这些机制的健全性。

SACA通常采用打分方式开展，评估的结果为1—5分：5分——非常满意；4分——满意；3分——合格；2分——不满意；1分——非常不满意，如表5-2所示。

表 5-2 半年度控制评估（SACA）检查表（某公司例子）

编号	检查项目	检查内容	检查结果(0—5分)
1	业务匹配	本流程是否覆盖了所有相关业务？	4
2	流程绩效	本流程的流程绩效指标是否达标？	3
3	流程执行	本流程是否被有效执行？	3
4	流程风险	本流程风险是否得到控制？	2
……	……	……	……

由流程责任人对所负责领域的流程绩效、流程质量、流程效率、流程风险等有效性进行全面评估，如果某领域的半年控制评估结论是"不满意"，通常会给予一定周期令其改进，直至下次评估为满意为止。实施开展的步骤通常如下。

步骤一，组建 SACA 小组。

组建由内控监管部门、各业务管理负责人或流程责任人、各业务内控人员、各业务流程执行者、IT 人员等组成的评估小组。

步骤二，制订评估范围和计划。

由内控监管部门牵头、各业务内控人员共同协助制订评估范围和计划。

步骤三，编制 SACA 检查表。

由内控监管部门牵头组织各业务内控人员按照流程内控要求，编制 SACA 检查表。编制的 SACA 检查表提交内控管理部负责人、内控专家、流程管理部门、流程专家等共同评审，评审通过后，才能作为正式的 SACA 检查表应用到评估过程中。

步骤四：召开 SACA 启动会。

在做好各项准备工作后，仍由内控监管部门负责组织 SACA 启动会，参加成员包括：各业务领域负责人、各级主管或流程责任人、各业务领域内控人员、流程管理人、IT 部门的相关人员等。

步骤五：实施流程控制评估。

各业务领域各级主管及流程责任人及团队按照 SACA 检查表对流程进行检查。

步骤六：编制并发布评估报告。

内控监管部门负责收集各业务领域的 SACA 检查表，识别、分析、评估和确认流程问题，编写 SACA 评估报告。

步骤七：SACA 评估结项。

召开 SACA 评估结项会议，对 SACA 评估中发现的流程问题提出整改要求，明确整改责任人和时间点，评估小组对遗留问题进行跟进。

SACA 是一种内控方式。华为认为，业务主管或内控监管部门是企业内控的第二道防线。内控体系是要帮助业务主管成熟地管理好自己的业务，发现问题、推动问题改进、有效闭环问题，帮助业务在完成流程化作业的过程中实现监管。

流程绩效管理，让流程充满活力

无论是流程的横纵授权，还是流程监管，其目的都是让流程高效运营。流程绩效管理是对流程运营过程和结果输出目标的管理，本质上是业务价值创造绩效的管理。流程绩效管理采用流程绩效指标（Process Performance Indicator，PPI）来衡量，通过流程责任人、流程角色来承载，与公司、组织与岗位的绩效对应。流程绩效管理主要分为四个阶段：流程绩效指标定义与分解、流程绩效实施、流程绩效评价和流程绩效结果应用。其中，流程绩效实施跟随流程运营，在绩效管理周期内由流程执行者负责实施，下面重点介绍流程绩效指标定义与分解、流程绩效评价和流程绩效结果应用。

流程绩效指标定义

在绩效管理中,通常采用自顶向下的战略解码流程来分解公司的关键绩效指标(Key Performance Indicator,KPI),或通过平衡计分卡来制定企业各组织的关键绩效指标,但无论哪一种方式,都包含业务绩效。流程绩效主要用于对业务绩效的管理,是对业务执行情况的总结和提炼,强调端到端的业务输出结果。

流程绩效管理的对象是流程绩效指标——流程运营综合能力指标,通过流程对应的组织和人力来实现。通常分为七大指标,七大指标又分为定性指标(质量、成本和交付)、定量指标(服务技术和资产)和绩效的执行者(员工),如图5-3所示。

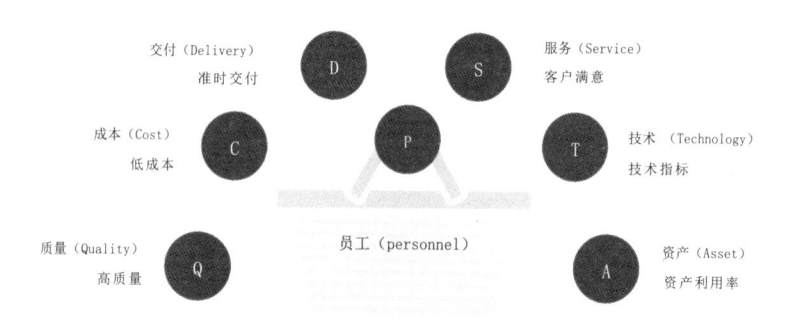

图5-3 流程七大绩效指标

1. 质量(Quality)

流程的质量指标能综合反映流程运行总体情况的质量,包含流程最终输出的质量和过程质量。

流程输出结果要满足最终外部客户的需求。如产品缺陷率、不良率、行业标准、环保要求等;流程运行过程要满足流程输入者、流程执行者等内部客户的需求,是衡量流程是否有效赋能业务的指标。如流程易用性、流程通过能力、业务一次直通率等。

2. 成本（Cost）

流程成本指标反映流程运营对企业业务成本的影响情况。值得注意的是，流程成本不是指局部的过程成本，而是流程运营带来的整体成本。企业在逐步走向规范化和标准化的过程中，流程运营使企业运营成本大幅度下降。比如，研发流程促进研发成本降低30%，交付流程促进交付成本降低20%。企业可根据自身情况定义流程成本指标。

3. 交付（Delivery）

流程交付指标，重点反映企业业务的交付能力。华为的"五个一工程"，就是衡量交付能力的重要指标。在通常情况下，流程交付指标体现为固定时间内交付高质量的产品和服务能力。比如，6个月内完成产品研发、一个月内完成产品交付等。

4. 员工（Personnel）

从员工的角度出发，衡量流程的运作情况。主要表现在两个方面：一方面是企业人均产出能力，如人均产出金额，或人均产出提升率；另一方面是企业的员工能力。比如，流程提升了员工的胜任力，原来需要90分能力素质的员工才能产出80分的绩效，通过流程，即使60分能力素质的员工，也能按流程的方法做出80分的绩效。来举个例子。

某员工小王入职某企业采购部不到一个月，主管因为要出差处理一个重要供应商的审厂，就把手头上资产盘点的事情交给了小王。从来没有做过盘点的小王一头雾水，当主管告知小王按照资产盘点流程来操作，小王这才想起入职培训的时候，曾培训过资产盘点流程。于是，小王找到资产盘点流程，按照资产盘点流程的要求操作，找到了正确的人，也正确地一一核对和记录了固定资产。当主管出差回来后，小王已经完成主管交代的任务，把完成的资产盘点表交给主管，主管确认后，对小王说："干得不错！"

在流程的作用下，刚入职不久的小王独立完成了资产盘点工作，这就是流程对人员的赋能。

5. 服务（Service）

流程服务指标反映流程服务的能力，通常以客户满意程度为衡量指标。比如，客户复购率、服务响应时间、服务满意度、问题一次性解决率等。

6. 技术（Technology）

流程技术指标不仅在于衡量流程运营后技术提高了多少，还包括技术的应用和转化情况。如：技术提升方面的流程是否固化到信息化系统，是否有效支撑企业数字化建设；技术应用和转化方面的关键技术转化率、技术集成比例、集成模块化程度等。

7. 资产（Asset）

流程资产指标是衡量流程是否有利于企业业务运营管理的一项重要指标，是衡量通过流程运营后，企业有形资产和无形资产的沉淀情况的综合反映。比如，知识产权输出数量、能力基线建设情况、案例输出情况、流程固化情况等。

流程绩效指标是流程健康综合情况的衡量指标，综合能力越强，反映流程赋能业务的能力越强，以及给企业带来的价值创造力越强。虽然流程绩效指标有七大参考指标，但企业在定义流程绩效指标时，要根据流程的业务目标和特点有所倚重，并非在同一个流程中，七大指标都要被定义。企业流程绩效指标定义要遵循以下原则。

1. 承接目标：流程绩效指标的定义，应围绕是否能有效赋能业务方面来定义，如衡量流程是否让业务高效率、高质量、低成本、安全的运作。

2.端到端贯通：绩效指标定义时，采用自上而下与自下而上相结合的方式。自上而下分解，自下而上归纳，支撑整体端到端流程的绩效指标。

3.对准客户：以向客户提供满意的产品、服务或解决方案为目标。

4.少而精：流程绩效指标的定义应尽可能地少，比如在同一个绩效周期内 1—2 项关键指标即可，多则无法执行落地。

分解流程绩效指标

流程责任人的绩效指标

流程责任人，是端到端流程的负责人，为流程的最终成果产出负责。所以企业端到端一级流程的绩效指标通常由对应的一级流程责任人来承担，二级流程责任人承担二级流程的绩效，三级流程责任人承担三级流程绩效，依此类推、流程活动或流程任务的绩效由流程角色承担。如图 5-4 所示。

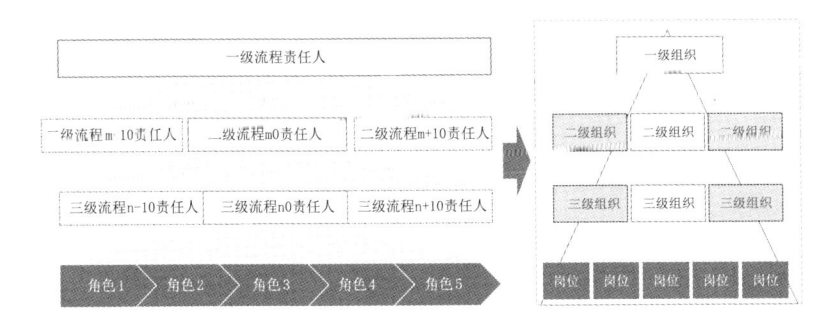

图 5-4　流程绩效与组织绩效对应关系

从流程视角出发,流程的绩效按照流程分层分级的方式自顶向下展开,下一层流程的绩效是上一层流程绩效的分解和展开。在流程型组织中,通常每一层的流程绩效与流程负责的组织绩效对应。

一级流程的绩效产出结果由对应一级组织的业务负责人或一级流程责任人来负责;二级流程责任人负责二级流程的绩效产出,由对应的二级部门业务负责人来承担;三级流程责任人负责三级流程的绩效产出,由对应的三级部门业务负责人来承担,依此类推。处于流程底层的执行层的过程绩效由流程角色来执行,对应同级组织的岗位。

理论上,我们希望流程责任人与组织层级负责人一一对应,如此,流程责任人与组织层级负责人就不用区分。但实际上,在企业经营管理体系中,由不同的业务部门和职能部门组成,在这种情况下是无法做到一一对应的。解决这一矛盾的原则是以业务流程为基准,而不是以组织层级(行政层级)为基准,这一点要特别注意。

流程角色的绩效指标

流程角色映射到组织岗位

流程角色是驱动"流程之舟"前进的"水手","水手"的绩效表现反映"流程之舟"过程运作情况,也间接影响整个流程最终的绩效结果。在流程运作的过程中,角色的绩效实际上对应组织岗位的绩效。一个流程角色可以由一个岗位来承担,也可以由不同的岗位来承担;同样,一个岗位可以承担多个流程角色,也可以只承担一个角色。

华为 IPD 流程中的开发代表这个角色,在不同的 IPD 中可能由不同岗位的人来承担,在不同的 PDT 团队中,开发代表可以由硬件项目经理来担任,也可以由测试项目经理担任,或者由软件经理担任。同样,同一个岗位,也可以担任多个流程角色,比如硬件项目经理,不仅担任 A

PDT 的开发代表，也担任 B PDT 的硬件代表。

在具体的业务中，通常一个角色只对应一个岗位（除部分开放式的角色，比如申请人、信息收集者），即一个流程角色对应固定的人来担任，不论他处于何种岗位。无论流程角色是由一个还是多个岗位来担任，只要担任流程角色，就必须承担对应的绩效指标和要求。

沿着流程分解流程角色的流程绩效指标

在定义流程角色绩效时，从流程最终输出的目标，倒过来沿着流程的路径来定义各流程角色的绩效，即沿着绩效实现的路径来定义角色绩效。在定义过程中要确保上下游角色之间的紧密衔接，避免出现空白区域或交叉区域，这是保障整个流程达成流程绩效目标的关键。

以一款简单产品——智能音响产品开发为例，各流程角色的流程绩效指标围绕流程的七大指标来定义。假设 6 个月要实现产品面向市场发布，就要以最终的 6 个月交付的时间为基准来定义交付指标（时间要求），沿着流程建立对应各个阶段流程角色的交付指标，如表 5-3 所示。

表 5-3　沿着流程制定流程角色绩效（智能音响产品开发流程）

流程阶段	流程角色	时间目标	路径	流程角色绩效目标
产品计划	版本经理（或开发代表、项目经理）	1 个月内	↑	计划符合度≥95%
结构设计	结构工程师	2 个月内		结构设计规范符合度 100% 评审通过率≥95%
硬件设计	硬件开发工程师	2 个月内		硬件设计规范 评审通过率≥95%
硬件测试	硬件测试工程师	3 个月内		硬件缺陷密度≤5% 硬件版本一次性测试通过率≥95%
软件设计	软件工程师	4 个月内		代码规范性符合度 100%
软件测试	软件测试工程师	4 个月内		软件缺陷密度≤5% 软件版本一次性测试通过率≥95%
产品试制	试制工程师	5 个月内		试制不良率≤1%
产品发布	版本经理（或开发代表、项目经理）	6 个月内		产品发布通过率≥95%

在以上案例中，如果企业想在 6 个月内完成产品的上市发布，必须在 6 个月内完成发布要求的所有工作。从流程最终输出倒推，只有做到试制工程师在 5 个月内完成产品小批量试制，才能达成 6 个月内产品商用发布的目标；要在 5 个月内完成产品试制，则需要软件测试工程师在 4 个月内完成产品的软件功能和性能的测试；依此类推，直至版本经理带领团队在 1 个月内完成产品开发的计划。

当然，以上案例仅用于举例说明流程的角色指标分解，流程角色的绩效指标最终要对应到具体的业务组织的岗位上的具体执行者。需要特别说明的是，流程执行者所承担的流程绩效指标并不是完整的关键绩效指标，而仅是事（流程）的绩效指标，切不可以偏概全。

流程绩效评价与应用

流程绩效评价，通常从业务和监督两个维度来进行评估。

从业务中评估，可通过业务的目标达成情况来反映流程的绩效水平。比如，对应的销售流程是否提升了产品销量？对应的产品研发流程是否提升了产品研发的质量、效率，降低了研发成本？

流程的监督管理过程也是对流程运营绩效的一个评估过程。比如，流程指标是否设置合理？流程是否匹配业务，是否为业务的价值创造带来了增值？

流程绩效结果应用，主要有三个方面的价值。

1. 提升业务结果输出

通过对流程绩效结果的评估，将流程绩效结果应用于改善和提升企业经营业务的成果输出；不断完善流程运营管理的绩效指标，从而促进流程更有效地提升企业经营业务的结果输出。

2. 提升组织能力

通过流程绩效指标中对组织能力的影响指标来衡量流程对组织能力的赋能。从绩效结果中找出不足和差距，通过持续地改进流程运营绩效，提升组织的能力。

3. 构建运营体系

通过流程绩效结果，找出流程架构和整体运营体系中的短板，通过持续变革和优化，建立企业流程运营体系，构建企业的体系能力。

持续运营,逐步走向成熟

企业基于流程的价值,不断投入开展流程规划、流程建设、流程运营管理和流程优化,但是,流程建设的最终目标是什么?企业当前建设的流程处于什么水平?未来将朝哪个方向前行?这是众多流程建设企业关心的问题。

华为经过流程变革实践,总结出一套流程变革水平的评估模型——GPMM(Global Process Maturity Model,全球流程成熟度模型),用于流程变革成果评估和流程变革路径指引。

全球流程成熟度模型

GPMM模型,将流程变革的过程分为五个层级,分别是初始级、已管理级、已定义级、已量化级和持续优化级,如图5-5所示。

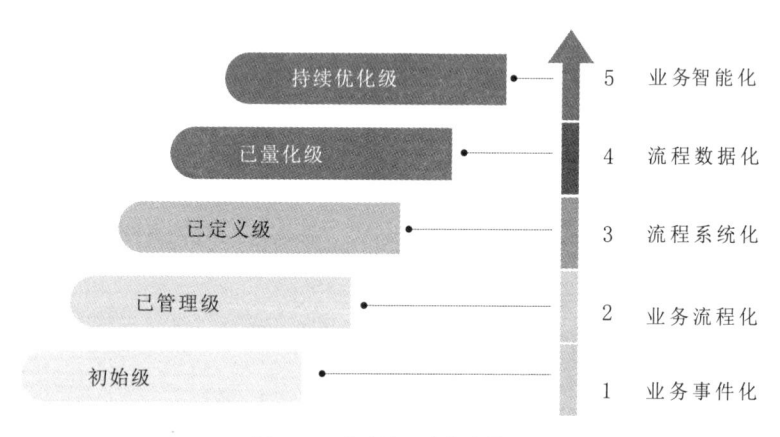

层级	名称	特征
5	持续优化级	业务智能化
4	已量化级	流程数据化
3	已定义级	流程系统化
2	已管理级	业务流程化
1	初始级	业务事件化

图5-5 全球流程成熟度模型

1. 初始级

流程变革的初始级，实际上是流程尚未实施变革的企业状态，此时，企业的业务并没有系统的流程来管理和赋能，仅在组织权限或部分制度的约束下开展，通常业务的开展方式以事件驱动为主。所以，初始级是业务事件化的一种状态。

2. 已管理级

已管理级并非指企业已实施企业管理的方法和手段，这里的已管理，是指企业已经运用流程来管理业务。相比初始级，业务不再以事件驱动，而是被流程有序地管理起来，企业的关键业务有对应的流程来支撑和管理，业务实现了流程化管理。

3. 已定义级

相比已管理级，已定义级不仅是用流程来管理业务，让流程变得有序，业务执行的效果和效率得到大大提升，而且从流程架构层面，已实现系统化的规划、建设和实施流程。该层级意味着企业从战略出发，主动规划和建设流程，解决了为什么要建设流程，为什么要定义流程，以及如何建设流程的问题。

4. 已量化级

已量化级通过流程的运行效果和结果输出，来量化和评估流程建设的水平，实现了流程的数字化。在该阶段，不仅流程系统化运营能力实现了量化，而且流程运营的结果也实现了信息化、数字化上的可量化呈现，其结果可作为企业经营和管理的决策依据。

5. 持续优化级

通过前面四个阶段的流程变革，企业具备了持续优化的能力，业务在流程体系内实现了自动、智能地运转，建立了业务智能化系统。持续优化级阶段主要有以下几个特征。

（1）企业流程持续优化的文化深入人心，流程优化作为专项工作定期开展。

（2）企业组织普遍具备持续优化流程的能力。

（3）企业流程数字化建设趋于完备，数字化系统成为企业最重要的运营管理手段。

（4）业务经营数据成为企业最重要的资产，促进企业发展。

综上，流程运营的终极目标是像都江堰水利工程一样自动运转，福泽于民。都江堰水利工程的治水秘诀就在于"深淘滩，低作堰"。"深淘滩，低作堰"也是华为流程运营稳定、安全、高效和低成本的诀窍所在。

当然，要使流程运营像都江堰水利工程一样，历久弥新，不仅在于流程运营本身，还在于从流程运营中发现流程的不足，为流程持续优化提供输入。

第六章
流程优化：增加土地肥力，多产粮食

华为用乌龟精神坚持 25 年,每年逐步规划流程管理变革与优化。在华为看来,要改善客户体验、提升客户满意度、持续为客户创造价值,实现企业经营目标。坚持流程管理变革与优化有规划,是建立"以客户为中心,生存为底线的无生命管理体系",增加土地肥力,多产粮食的不二之法。

对准客户，找准优化时机

流程优化，首先要对准客户，以终为始，始终围绕流程为客户创造价值的目标，流程优化才不至于偏离方向。 也只有对准客户，流程才能服务好客户，实现企业经营目标，为企业多打粮食。有了粮食，企业才能持续构建以客户为中心的价值创造体系，获得长久稳定的发展。

如何对准客户优化流程？简单来说，就是从流程末端的客户出发，倾听客户的声音，沿着为客户创造价值输出的流程路径，倒过来梳理和优化流程。首先，从客户视角出发，倾听客户之声，优化流程，为客户提供满意的产品、服务或解决方案，帮客户解决问题和痛点，帮客户实现价值创造。其次，从为客户服务的业务和流程出发，让流程匹配业务、赋能业务，服务好客户。最后，从为客户服务的流程活动出发，优化增值活动，减少不增值活动，让流程高效地服务于客户。

倾听客户之声

所谓客户之声（Voice of Customer，VoC），指的是客户对企业的品牌、产品和服务的看法、态度和期望的描述。换言之，客户之声就是客户对企业为客户提供的产品和服务的反馈之音。

客户之声有别于客户需求

客户之声有别于客户需求。客户之声是企业外部客户对企业或企业提供的、输出的体验和感受的反馈，简单来说，客户之声就是客户的看法。客户需求，是客户对自身问题和痛点寻求解决方案的诉求和期望。二者有明显的区别，主要表现在两个方面。

第一，产生的时间不同。

需求通常产生于与企业接触前（企业产品或服务提供前），看法通常发生在与企业接触的前、中、后（企业产品或服务提供的前、中、后）。

拿中医来举例，病人的需是痛，病人的求是去除病痛的药，这发生在找医生诊治前，希望医生能够帮他看好病。比如，病人头痛是需，找中医治疗头痛是求；看法是病人的感受反馈，发生在诊断前、用药中、用药后的接触和体验过程。比如，病人认为：医生的诊断很对症，开的药吃起来太苦，服药后容易失眠，等等，都是病人的看法，这被称为客户之声。

另外，虽然在很多情况下，看法是在客户体验和使用了企业的产品或服务之后，但是客户的反馈，也可能成为企业下一款产品、下一次服务或下一步流程升级的需求。此时，客户之声从后端（接触企业的产品或服务后）转到前端（下一代产品、服务或流程），此时，原有的客户之声，变成了客户的需求。因此，二者可互相转化。

第二，描述的方式不同。

需求通常更具体，但看法通常更模糊；客户需求最终都是具体的方案，通过定性或定量的方式描述；客户之声通常是客户直观感受，难以量化，需要通过分析、挖掘和提炼才能量化描述。

客户抱怨某手机产品"不好用"，"不好用"是客户之声，是模糊的描述。企业对客户反馈的"不好用"进行调研、分析和挖掘，最终获得具体的客户需求，即客户反馈手机不好用的具体原因：充电时间太长，应从原来的 4 小时缩短至 1 小时；手机屏幕尺寸太小，应由原来的 4.5 英寸扩大到 5.5 英寸以上；拍照功能不能兼顾广度和深度，拍照功能应兼容广角和深度镜头等。

通常，客户之声包含了诸多客户需求线索，我们通过对这些线索的深入分析和挖掘，可以进一步获得具体客户需求，这个过程好比淘金。

客户之声如黄金一般珍贵

客户之声和客户需求存在比较大的差异，但是，二者的关系也很紧密，客户之声是客户的反馈之音，常常隐藏着客户的需求。尤其是客户的抱怨、责怪和不满。对企业而言，客户的抱怨或不满犹如黄金一般珍贵，因为客户只有在意企业提供的产品和服务，才会向企业表达自己的意见。

不重视客户之声的企业，只会面临客户的不断流失，用现在时髦的话来说，不重视客户，只能不断"掉粉"；重视客户的企业，常常主动收集、分析客户的反馈信息，并把客户的反馈信息分析、挖掘、提炼成行之有效的优化方案，从而提升企业为客户提供产品或服务的能力，获得客户的认可和青睐。

华为历史上曾经发生了一次著名的"马电事件"，给华为留下深远的影响。2010 年 8 月 5 日，一封来自马来西亚电信 CEO 的电子邮件发到华为公司董事长孙亚芳女士的邮箱。这是一封关于客户之声的反馈，是一封酝酿已久的正式投诉信，礼貌的用词下面透露出失望与愤怒。

自 2008 年 6 月第一个交付项目伊始，华为前后拿下了马来西亚电信的核心网、传输网、宽带接入网和网络电视（IPTV）的建设项目，这是一次"百团大战"，项目交付从单产品、单项目交付变成了跨产品、跨项目,甚至跨厂商的交付。

若是在华为内部,跨产品、跨部门,甚至跨 BG（Business Group）都不会成为问题。但这次作战却发生在客户一线,要在客户一线实现端到端贯通交付流程,实现多项目、多产品、多组织的通力协同,就是一场"大考验"。各交付团队仍然按照单项目的交付模式,在客户项目交付中按项目合同,各自为政,没有做到所有项目协同,更说不上端到端贯通流程。客户承受着巨大的压力,也多次向马电交付团队提出解决问题的要求,但老问题一直未解决,新问题又持续不断,迫于压力,客户不得不升级投诉,向华为董事长孙亚芳女士发出了一封正式投诉邮件。

2010 年 8 月 10 日,孙亚芳董事长从国外回来,被告知马电有一封邮件。孙总感觉情况不妙,亲自找原件来看,结果大吃一惊:"根据我的了解,客户把邮件写到这个程度的话,实际上是到了他们的底线了!"于是,孙总立即询问相关负责人,组织各交付团队深入分析"事件"的前因后果,终于找到问题的症结。最后,在孙亚芳董事长的强势推动下,华为正视客户提出的问题,打破组织边界,端到端贯通项目交付,在积极解决问题的同时,寻求客户的谅解。另外,专门成立华为大学案例组,牵头马电项目的案例总结。华为采用"边打仗、边总结、边学习、边复制"的作战原则,在解决问题的同时总结经验,将总结出的经验及时用于实践。

2011 年 3 月 7 日,华为公司董事长孙亚芳率领的华为团队与马来西亚电信领导层正式进行会谈,会谈的气氛充满了友好与坦诚。在客户欢迎会上展示的 PPT 首页,蔚蓝的海面上是一艘迎风扬帆的航船,标题上赫然写着"风雨同舟"四个汉字。

"马电事件"虽然带来了沉痛的教训,但"马电事件"的客户之声,犹如一颗璀璨的珍珠,这颗颗夺目的珍珠给华为人注入了一剂强心剂,以客户为中心的观念和文化,以及端到端流程运作理念更深入人心。由此可见,倾听客户之声是企业向客户学习的首要渠道,是携手"风雨同舟"伙伴的重要法宝。

从倾听客户之声开始优化流程

如何倾听客户之声,又如何把客户之声转化成明确的流程优化的需求呢?

第一,建立倾听客户之声的渠道,收集客户之声。

比如,华为在任何与客户接触面或客户接触点(销售接触面、客户服务接触面、客户拜访、客户会议等)上建立了客户之声的收集渠道,通过这些渠道把客户的抱怨、投诉、建议收集回来。

第二,分析、挖掘客户之声,提炼有效数据,将客户之声转化成具体的客户需求。

比如,华为在需求管理流程中,通过"去粗取精,去伪存真,由此及彼、由表及里"的十六字方针原则,进行解释、过滤、检视、分类、排序、证实,最终把客户之声转化成具体的客户需求。

第三,从客户需求中,找到流程优化的需求。

来源于客户之声的需求信息,通常是离散的信息。要从不同类别的需求中识别出流程改善的需求。当然,客户的需求通常是一个立体的需求,不一定直接指向流程。对于直接指向流程的需求,直接分发给流程的管理和建设团队承接。

对于间接指向流程的需求,仍然可以分发给流程的管理团队。比如,客户反馈的需求是"提供更加快速的交付",要为客户提供快速交付,需要企业在多方面付出努力,诸如提高流程运营速度、提升组织协作能力、交付项目管理能力、供应能力等。"提供更加快速的交付"是一个立体的客户需求,仍然可以通过流程来优化。具体做法为沿着流程的主线,改善和优化流程和流程对应的资源和能力。

因此,从客户之声中找准客户需求,不能只看到显性的需求,还要看到潜在、间接的需求。

华为认为，流程梳理和优化要倒过来做。实际上，就是倾听客户之声，以客户需求确定优化目标，以目标驱使保障，一切为前线着想，一切以客户为中心。

倾听业务之声

所谓业务之声（Voice of Business，VoB），指对企业为客户提供产品、服务或解决方案的业务的理解和反馈。

倾听业务之声就是在理解客户的基础上，收集业务运作者对业务流程的反馈。比如，流程是否真实反映业务的本质，是否有效支撑和赋能企业经营业务，能不能为客户创造价值，等等。

倾听业务之声，应该倾听谁的声音，谁来反馈？从流程的视角出发，业务之声的发声者是业务的经营者、执行者和支持者，他们同样是流程的客户。倾听业务之声，就是倾听业务运作者或支持者的声音。通常，员工直接或间接地参与企业经营的业务，他们的声音中包含企业经营和管理的方方面面。比如，对公司的褒贬，对管理的抱怨，对制度的抗议，对组织的批评和建议，对业务的谏言和批判，等等。

很多企业对业务之声总是避而不谈，甚至出台相关制度和规范限制这种声音。很少有企业敢像华为一样——专门为员工之声建立畅所欲言的平台，并通过平台把员工之声公布于天下。

华为内部原来有一个员工论坛，2008年6月华为把它搬到了外网，并更名为"心声社区"，它后来成为华为员工的社区平台。华为总裁任正非先生给心声社区做了一个定位——华为的罗马广场。罗马广场是古代民众广泛参与公共生活和大众监督的代表性场所，他希望员工们在华为的罗马广场上畅所欲言。

而事实上也是如此,很多员工在心声社区发表了自己的"心声",其中出现了不少对华为改进非常有意义的帖子,比如"炮轰华为""少些浮躁""我们眼中的管理问题"等,华为以正式发文的形式,向全公司转发了这些"改进心声"。

华为员工之所以愿意在心声社区发表"心声",其背后真正原因是华为开放的胸怀,只要发帖人以事实为依据,遵守心声社区管理规定,即使只是一面之词,华为也不会删帖,不给发帖人"穿小鞋"。

真正的强者敢于直面自身的不足和问题,敢于自我批判。企业要想打造强大的流程体系,主动倾听与业务最近员工的"心声",是挖掘流程改进宝藏的一把钥匙。找到这把钥匙,就能打开企业流程能力持续提升的改进之门。当然,在收集业务之声时,要重点关注以下三个方面:

第一,流程是否反映业务的本质。

第二,流程是否赋能业务。

第三,流程是否有效匹配资源。

企业经营业务的活动,本质上是投资行为,投资就需要资源(如,资金、渠道、设备、原材料、组织和团队等),倾听业务之声还要关注业务背后的资源,倾听和收集业务操作者们对资源匹配的反馈。如果资源跟不上,即使流程与业务融合得天衣无缝,业务目标也无法达成。这好比在战场上,有了战车(流程),却没有武器和军队(资源),也无法攻占山头一样。

因此,倾听和收集流程优化的业务之声,一方面,企业要关注业务与流程的融合,避免出现"两张皮"运作;另一方面,企业也要关注开展业务所需的资源。在流程优化的过程中，不能简单地把流程视为业务的管道，它是包含顺畅、高效运行的流程管道和支撑管道运作的资源。

倾听流程之声

所谓流程之声（Voice of Process，VoP），指对流程运营能力的情况反馈，如效率、通过能力、执行能力等。从流程自身出发，关注流程的能力、角色和活动，重点在以下三个方面。

第一：流程运营能力是否高效？

流程运营能力是否高效是衡量流程是否优质的关键所在，要从流程的运行情况中提取这一指标。

第二：流程是否有利于流程角色开展工作？

流程角色是流程驱动的动力系统，流程角色是否齐备，各角色能否协同，是发挥流程能力的关键。倾听流程角色驱动流程情况的反馈，可以准确识别流程对应角色的匹配程度。流程角色的配置不平衡，或空缺或富余，都不能发挥流程最大的通过能力。

第三：流程是否有过多不增值活动？

流程通过一系列创造价值活动构成，活动是流程运营的最基本的单元，包含了增值活动和非增值活动。但，流程中不可能只有增值活动，没有非增值活动，非增值活动是增值活动的使能活动或支撑活动，也必不可少。

在收集流程活动的反馈中，增值活动不能少，但非增值活动不可多。要重点关注流程活动中是否有过多无效的增值活动。减少不必要的非增值活动，是提升流程运营效率的基本保障。二者合理搭配，才能极致地发挥流程价值。如何才是极致搭配，要根据企业业务和企业管理控制的需求而定,不能只从流程视角衡量。

综上,企业要想找准流程优化的时机,应沿着流程运行的路径,倒过来,倾听流程路径上的客户之声、业务之声和流程之声。从问题和差距出发,对准客户,以终为始,找到流程优化的切入点和突破口。

识别差距,优化流程

流程优化是在原有流程基础上的改进提升,并不是一种再造式的流程变革。流程优化的最大特点在于:"随风潜入夜,润物细无声。"它是一种潜移默化地缩短差距的改进方式。

在流程优化实践中,我结合业界流程优化的方法,总结和提炼出流程优化的四步法:关注现状、分析改进机会、流程优化和流程推广实施,如图 6-1 所示。本节将对四个步骤分别进行阐述。

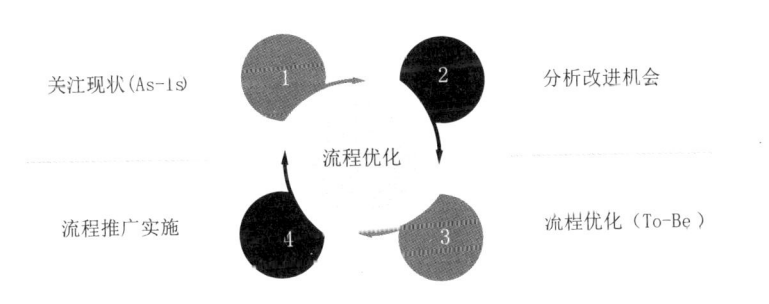

图 6-1 流程优化四步法

关注现状(As-Is)

关注现状,是从企业流程的实际现状出发,从流程运营的范围、效率、成本、质量、风险等五个维度,收集流程运营的表现情况，分析当前流程存在的问题，如表 6-1 所示。

表 6-1 流程现状分析检查表

编号	维度	问题	来源
1	流程范围	流程是否端到端贯通？ 流程边界是否清晰？ 流程接口是否明确？	客户之声 业务之声 流程之声
2	流程效率	流程运营是否快速？ 流程运营效率是否满足内外部客户期望？	客户之声 业务之声
3	流程成本	流程运营整体成本是否最优？ 流程资源配比是否最优？	业务之声 流程之声
4	流程质量	流程是否促进业务走向，是否促进业务目标达成？ 企业内外部客户是否满意？ 流程交付质量是否准确？ 流程要素是否完整？	客户之声 业务之声 流程之声
5	流程风险	流程授权是否合理？ 是否存在腐败风险？ 是否存在资金、安全、交付周期风险？	客户之声 业务之声 流程之声

在关注流程现状时，为避免出现"不识庐山真面目，只缘身在此山中"的现象，应该跳出企业、跳出流程，才能更好地发现流程存在的问题。流程优化过程中，"当局者迷"是一种很常见的现象。

常受邀走进企业，所以我常有机会听到企业流程管理者们的反馈："我们公司在某年某月开展了全公司的流程重构和优化工作，相比竞争对手，我们的流程算是很优秀的。"但是，当我们深入流程调研的时候，却看到了另外一番景象。比如，流程要素不完整、流程未统一规范、流程角色定义不清、流程常出现推诿扯皮的现象等。

企业要想准确、客观地评估流程现状，就要跳出流程。一方面，虚心倾听客户之声、业务之声和流程之声。从客户、业务负责人、业务执行者、流程角色等流程相关人员的反馈中收集信息，分析和识别当前流程存在的问题。另一方面，对标标杆企业。通过学习标杆企业的流程，来分析企业自身流程存在的差距。比如，华为对标 IBM 的 IPD、ISC 流程，就是一种由外而内发现流程问题和差距的有效方法。

分析改进机会

分析改进机会，就是分析识别企业当前流程存在的问题和差距，制定优化措施来改善和缩短差距的方法。流程的不足和缺陷之处，就是流程的改进机会。

比如，你的汽车行驶不平稳（这是现状，汽车的问题和现象），你想改善这一状况，让汽车行驶起来更加平稳（目标），那么你可以从底盘结构、四轮平衡、发动机、汽油等方面（改进机会）入手检查，找到引起汽车行驶不稳定的原因（改进点），导致汽车行驶不平稳的原因就是改进机会。

华为经过流程实践，总结出流程优化的改进机会模型，此模型包含流程架构、流程接口、作业增值、快速反应、信息共享和组织改进等六大改进机会，如图 6-2 所示。

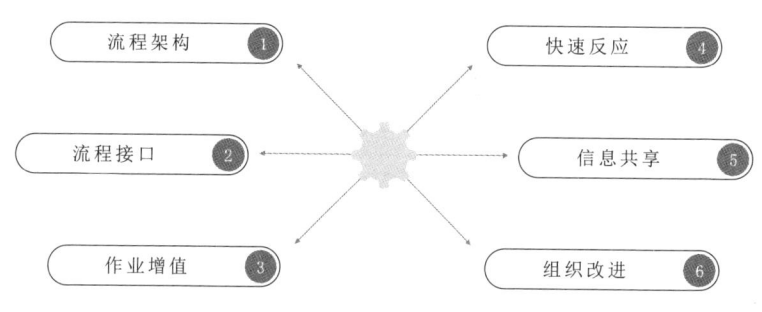

```
┌─────────────┐                    ┌─────────────┐
│ 流程架构  ① │ ←──              ──→│ 快速反应  ④ │
└─────────────┘      ╲          ╱   └─────────────┘
┌─────────────┐        ╲      ╱     ┌─────────────┐
│ 流程接口  ② │ ←────   ✦   ────→   │ 信息共享  ⑤ │
└─────────────┘        ╱      ╲     └─────────────┘
┌─────────────┐      ╱          ╲   ┌─────────────┐
│ 作业增值  ③ │ ←──              ──→│ 组织改进  ⑥ │
└─────────────┘                    └─────────────┘
```

图 6-2　华为流程改进机会模型

1. 流程架构

流程架构是流程优化系统性、全局性的改进评估机会。从流程架构的维度来看，主要从以下四个改进机会点切入。

（1）现有流程是否形成结构化运作模式？

（2）流程与流程之间的衔接是否合理？

（3）流程边界是否清晰？

（4）流程是否承接企业经营目标？

流程架构也是衡量企业流程是否达到系统化架构的一把重要标尺。如果企业没有流程架构，就意味着企业的流程建设尚不具备流程运营的核心能力；如果企业有流程架构，但不能支撑企业战略，赋能业务执行战略，则意味着企业流程作用未得到发挥。这些情况都要从流程架构的改进机会进行优化。

2. 流程接口

流程接口是一个重要的改进机会，从流程接口评估改进机会，可以有效解决流程衔接的问题，主要从以下几个方面进行分析。

（1）流程端到端运作是否通畅？

（2）流程接口的权限职责是否清晰？

（3）流程中的推诿扯皮现象是否得到有效解决？

（4）流程整体运营能力是否得到提升？

（5）流程监控和协调机制是否有效？

3. 作业增值

作业增值是流程优化从流程环节或流程活动层面的改进分析，主要从以下几个方面进行分析。

（1）流程整个环节是否实现最大化增值？

（2）流程中是否存在较多无效环节或活动？

（3）主要业务是否变复杂为简化？

（4）流程环节或活动是否清晰明确？

（5）流程例外业务是否影响正常业务？

（6）流程增值环节或活动是否有明确的指标？

4. 快速反应

流程是否能对流程触发时间或流程需求做出快速反应，直接影响流程内、外部客户的满意度，也直接影响企业开展业务的运营成本。从流程快速反应的改进机会上分析，可以从以下几个方面入手。

（1）缩短流程中涉及的沟通渠道。

（2）减少流程运作的沟通时间。

（3）提升流程活动的准确率。

（4）提升流程赋能业务的运营能力和效率。

5. 信息共享

信息共享是企业流程优化时比较容易忽略的一大改进机会，尤其在业务相对复杂的跨部门业务流程中，信息共享有利于提高流程输出准确性，提升流程运营效率。如果信息共享程度不够，该共享信息没有得到共享，不该共享的信息反而四处传播，信息共享就会成为企业资源浪费、流程运营效率低下的"幕后杀手"。

比如，一家工业设备提供商，在 A 产品的生产中出现了严重的质量事故，导致企业产生了 200 万元的返工成本。经过企业研发、采购、生产、质量等多部门专家的深入分析，找出了导致质量事故产品的原因，并制定，解决措施。但是 B 产品并没有获得 A 产品质量事故信息的经验共享，B 产品再一次发生了同样的质量事故，这家企业再一次损失惨重。

企业分析改进机会时，不能忽略信息共享，要分析流程是否具备共享信息库、是否存在信息孤岛、是否建立知识和案例管理库等方面入手改进。

6. 组织改进

流程优化，不仅要着眼于流程本身，还要关注赋能流程运转的组织。没有组织的有效运作，再杰出的流程也无法创造高绩效。这也是很多企业，仅聚焦于流程本身的优化，忽视了赋能流程的组织，而无法获得流程优化效果的根本原因。对于赋能流程的组织改进，主要从以下几个方面开展。

（1）明确流程责任组织和岗位。

（2）为组织建立监控机制，保证流程的贯彻与执行。

（3）提升组织的流程运营能力，赋能流程创造高绩效。

（4）将流程绩效指标落实到组织绩效管理。

（5）建立以流程为导向的流程化组织，以流程驱动组织，避免以领导为中心。

六大改进机会本质上是流程自身可能存在的短板，要注意与流程表现现状区别开来。透过现象看本质，只有分析流程表现情况，识别流程自身存在的不足和短板，并制定措施来改善这些不足和短板，才能彻底解决"不能承接战略、客户满意度低、运营效率低、成本高"等不能达成企业期望目标的问题。

流程优化（To-Be）

流程优化有很多种方法，比如：标杆超越法、问题改善法、流程要素法、ECRSIA优化法、DMAIC、PDCA、SDCA、德尔菲法等，这些流程优化方法各有利弊，企业应根据不同的企业背景采用不同的方法，才能促进企业流程的优化提升。在流程优化方面，华为常采用标杆超越法、问题改善法、流程要素法和ECRSIA优化法等四种方法，限于篇幅，简要介绍三种方法。

标杆超越法

标杆超越法（Benchmarking），指企业持续不断地将自己的产品、服务以及管理实践活动，与最强的竞争对手或行业内外的领袖企业进行对比分析，并将对标企业的最佳做法移植到本企业的经营环节，不断迭代优化，以此来改进本企业的经营业绩和业务表现的系统化方法，如图6-3所示。

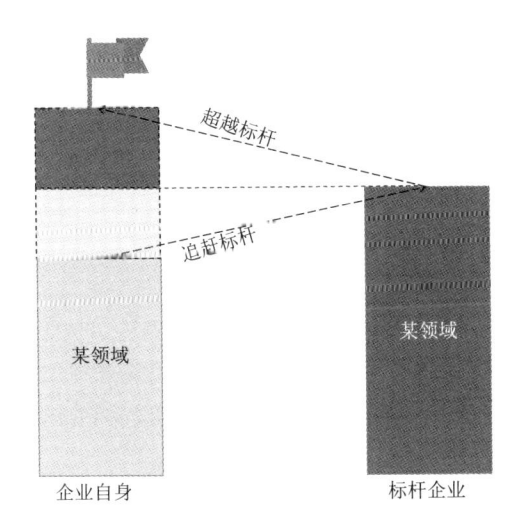

图6-3 标杆超越法

标杆超越法的核心在于"对比分析，找出差距，缩小差距"。即通过与标杆企业的比较，找出与标杆企业之间差距，并学习引入标杆企业的经验和实践，从而缩小企业自身与标杆企业之间的差距。华为学习IBM，并引入IBM的先进管理体系就是标杆超越法的典型。

1997年，华为全年销售收入突破41亿元，员工人数近6000人，组织越来越大，人越来越多，任正非先生早已敏锐地洞察到公司越来越大，如果没有一个系统的管理体系来管理组织，组织就会陷入混乱的状态，对公司来说，是一个巨大的风险。于是，任正非先生带领团队赴美考察，访问了美国休斯公司、IBM、贝尔实验室和惠普公司。最后在IBM公司找到了适合华为管理的产品运营体系。自此，华为坚定决心——师从IBM，从IBM引入IPD流程、ISC流程、IT系统，潜心修炼。并每年持续优化和升级，最终通过学习标杆企业的流程法，建成符合自身特征的业务运营体系，构建了流程的核心竞争力。

在向标杆企业IBM学习的IPD动员大会上，华为总裁任正非先生讲道："我们有幸能找到一个很好的老师，它就是IBM。华为公司的最低纲领应该是活下去，那最高纲领是超过IBM。"2018年，华为实现销售收入7212亿元，跃居世界500强第96位，超越了当年的老师——IBM（2018年世界500强第168位），青出于蓝而胜于蓝。

企业在选择和运用标杆超越法时，关键在于选择对标的标杆。企业只有选择符合自身业务和特性标杆，才有可能获得流程建设上的收益。否则就会适得其反。比如，一家从事养殖行业的企业，本应注重养殖产品的打造和产品渠道相关的流程能力建设，但选择向终端餐饮行业学习终端客户的服务流程和能力，这显然是选错了对象，导致学无所用。

华为为什么选择向 IBM 学习？其实是有原因的，总结起来有如下几条。

第一，IBM 与华为没有竞争性和对抗性，只有互补关系。

华为正在高速发展，逐步变为大公司，亟须建立更加系统和体系化的管理体系，正巧遇到 IBM 开展咨询业务，并且希望拓展中国市场，华为选择 IBM，达成了两家企业互惠共赢的合作关系。

第二，IBM 是少数百年企业的佼佼者，其经营管理经验在扭转公司困局上，得到了充分验证。

1991—1993 年，IBM 累计亏损 162 亿美元，处于破产的边缘。新上任的 IBM 总裁郭士纳临危受命，带领 IBM 管理团队重新定位和梳理业务，重构 IBM 业务流程和管理体系，终于扭转乾坤，让 IBM 又重返行业领导者的位置。华为需要学习和借鉴经过实践证明的管理经验来解决遇到的问题。

第三，IBM 的产品线与华为的产品线类似，都属于研发周期较长的产品。

当时，IBM 建立了世界上最先进的产品运营流程。正如 IBM 总裁郭士纳在《谁说大象不能跳舞？》的自传中写道："在过去的 9 年里，我们十分努力地建造了一个世界一流的产品设计流程。它耗费了我们数百万美元的资金、数千小时的时间，最终改变了数万名 IBM 员工的工作方式。"IBM 先进的产品流程体系正是华为亟待构建的产品运营体系。

华为坚持向标杆企业学习，不仅花费巨大，更是壮士断腕、经历阵痛、付出了巨大的代价，常人不可企及。为什么华为能做到这样的坚持？在任正非先生看来，要成为大公司，就需要建立灵活的管理体系，而建立这种管理体系有两条道路可走：一条是自己摸索；

另一条是向别人购买。

事实证明，这种向标杆企业学习的方式，带来了显著效果。

在对标学习IBM的过程中，华为其中一类产品的开发上市周期是IBM公司同类产品的研发上市周期的2.4倍。IBM产品从概念规划、方案设计、开发设计、设计验证到产品上市只要32周的时间，而华为同类产品则要76周的时间，相差整整44周，差距巨大。在如此巨大的差距面前，华为积极学习IBM的IPD集成产品运营体系，经过应用实践，终于把这类产品的上市时间缩短到了48周，产品上市时间整整减少了一半。

产品上市周期差距的背后是企业综合运营能力的差距。为缩短差距，潜心学习，不断进取，站在巨人的肩膀上，实现超越巨人的目标。实践证明，学习标杆企业的流程建设方法，是流程建设的一条捷径。

但是，企业采用标杆超越法优化流程，要避免"照搬"。企业在流程优化实践中需要注意以下几个方面。

第一，选择的标杆企业一定是行业领先或世界领先企业。

第二，标杆企业与自身的企业业务模式相近。

第三，企业向标杆企业学习的领域所具备的资源与标杆企业相近。

第四，避免照搬和套用标杆企业的流程，要基于企业自身流程实践。

第五，以学习标杆企业流程建设、流程优化的核心思想和方法为主。

实际上，要不要采用标杆超越法优化流程，要根据企业的自身情况来定。比如，企业具备一定的行业地位，具备流程优化和建设的组织和资源，企业可以优先采用标杆超越法优化流程；如果企业的规模尚小，资源不够，流程建设情况也较为初级，不建议企业完全对标标杆企业建设流程，因为企业无力承接。企业可以采用局部对标，或学习标杆企业流程建设的核心思想和方法来建设和优化自身的流程。简单来说，标杆超越法虽好，但不可轻易尝试，还是要立足企业自身的实际情况来开展流程优化，才更具可行性和可落地性。

问题改善法

问题改善法，顾名思义，就是从问题出发，查找原因、分析根因、通过改善措施解决问题的方法，诸如问题改善法（DMAIC），也常用于流程优化。

DMAIC 模型是实施 6 Sigma（六西格玛是一种摩托罗拉工程师比尔·史密斯于 1986 年提出的管理策略，它要求出错率不超过百万分之 3.4）的一套操作方法。DMAIC 分别指：Define（定义，辨认需改进的产品或过程，确定项目所需的资源），Measure（测量，定义缺陷，收集此产品或过程的表现作底线，建立改进目标），Analyze（分析，分析在测量阶段所收集的数据，以确定一组按重要程度排列的影响质量的变量），Improve（改进，优化解决方案，并确认该方案能够满足或超过项目质量改进目标），Control（控制，确保过程改进一旦完成能继续保持下去，而不会返回到先前的状态）。它是用于改进、优化和维护业务流程与设计的一种改进方法。采用问题改善法进行流程优化，通常是源于流程问题触发或由企业主动触发的一种流程优化方式。企业为了快速解决出现的流程问题或主动改善流程，成立流程优化项目组来实施流程改进的方法，尤其是针对自下而上的流程质量改进项目。问题改善法分为三个阶段：发现问题、分析问题和解决问题，如图 6-4 所示。

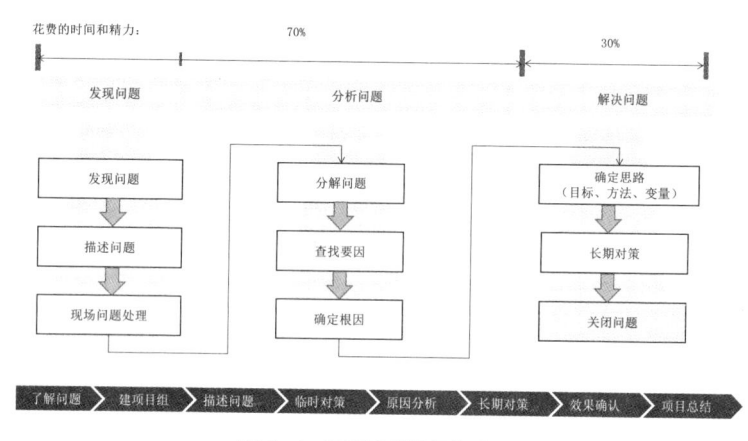

图 6-4　问题改善法操作流程

阶段一：发现问题

（1）要解决流程问题，发现问题是前提

发现问题通常有两种方式：一种是被动发现；一种是主动发现。被动发现很容易理解，即问题发生了，带来了直接的影响和不良反应，以至于人人都可以发现和看到问题。另一方式是主动发现。主动发现，就要洞察潜在问题，让问题显性化。

实际上，在优化流程时，让大家主动发现问题，还真不是一件容易的事。很多时候，我们对现有的流程运作方式已经形成了习惯。对流程运营中的一些问题表象已经见怪不怪。即使有少数人提出流程问题，源于习惯大家也不会让大多数人重视它。根本原因在于，人们身处其中。所以，要想发现问题，除了重视和倾听客户、业务运作者、流程角色的流程相关人员的反馈之外，企业要形成洞察问题的文化和氛围，要善于从流程运营的各方面表现的现状中洞察和发现问题。

在利用问题改善法优化流程的过程中，企业可以从"问题六看"

来主动发现问题,如图 6-5 所示。

一看落差:流程运营现状与对比目标之间的落差,如果存在落差就存在问题。

比如,12 月的销售额下降了(相对 11 月);第三季度的成本增加了(相对第二季度);本月客户投诉率上升了(相对上月);年度客户满意度降低(相对上年度);等等,都是产生了落差,因为落差就意味着问题。

图 6-5 企业"问题六看"主动发现问题

二看变化:流程现状有没有发生什么变化?比如,流程运营效率变低了,流程与流程之间的配合变得困难了。

三看阻碍:调研和观察流程哪个环节不顺畅?不顺畅的地方,往往是问题产生的地方。

四看标准:对标流程标准,检查流程是否按照标准执行?如果流程没有按照标准运行,比例是多少?是否超出阈值?是标准制定存在不足,还是执行过程存在不足?这些不足之处就是问题。

五看期望:从对流程的期望来看流程运营的过程,研究为什么流程没有按照期望运行,找出这些差异。

六看结果:从流程运营的输出结果来看,找出流程运营结果没有达成目标的原因。

（2）要解决问题，准确定义和描述问题是关键

发现流程问题之后，就要准确地定义和描述问题。拥有超过140项发明专利，被30多所大学授予荣誉博士学位的美国"创新之父"查尔斯·凯特灵认为："准确描述和定义问题，问题就解决了一半。"事实也是如此，一个准确的流程问题描述，有助于流程优化团队做出正确的分析和判断。一个好的问题定义和描述，要包含四个关键因素：目标、现状、差异、趋势。

比如，某通信设备企业交付流程的目标是1个月把产品提供给客户，而且过去两年一直保持在1个月完成交付。但最近企业新上G产品后，第一批订单1.5个月才完成交付，客户对此非常不满，提出若下批订单不能按时交付，将取消订单。很显然，从流程运行的结果上看交付时长出现了0.5个月的差距。如果这个问题不解决，后续的产品交付仍然会超出交付周期，将会给客户带来损失，同时也影响企业的订单获取。

（3）彻底解决问题之前，应先制定临时措施，防止问题扩大

若流程运行过程出现问题，就会影响流程的最终结果输出，这时就需要企业采取临时措施，快速解决当下问题，然后再分析流程问题的产生根源，从根本上解决问题。

以上案例，经过初步分析，延迟交付的直接表现为产品不良率高，生产要花费较多的时间解决不良品问题。为了保障下批订单的交付周期，该企业采取了增加原材料采购数量，同时加大G产品的不良品维修力度的临时保障措施，以确保第二批订单的良品数量和交付周期。

阶段二：分析问题

（1）分解问题

分解问题的主要目的是把一个复杂而笼统的问题，变成若干小且简单的问题。分解的方法有很多，金字塔原理、麦肯锡MECE原

则、演绎法、问题树等，下面以问题树分解法为例，阐述逐层向下分解问题流程，如图6-6所示。

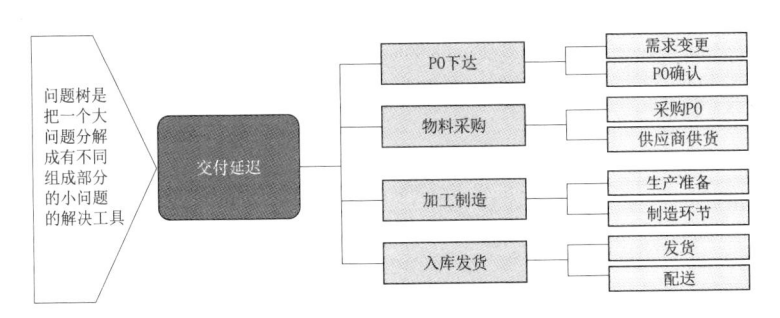

图6-6 问题树分解法分解问题流程

（问题树是把一个大问题分解成有不同组成部分的小问题的解决工具）

- 交付延迟
  - PO下达
    - 需求变更
    - PO确认
  - 物料采购
    - 采购PO
    - 供应商供货
  - 加工制造
    - 生产准备
    - 制造环节
  - 入库发货
    - 发货
    - 配送

（2）查找原因

分析流程问题的过程是通过流程问题的现状，找到引起流程问题表现的原因，从而进一步深入分析，找到流程问题产生的根本原因。问题产生的根本原因就隐藏在各个原因之中，只有找到问题产生的原因，才能挖掘出导致问题的根本原因。

查找原因的工具也有很多，如漏斗法、实验法、统计分析法等。这些方法虽然表现形式不同，但都是通过质量问题分析的常用方法。由于比较常用，也比较简单，这里不再赘述。

（3）根因分析

根因分析就是找到流程问题产生的根本原因（罪魁祸首），DMAIC本身也是一种根因分析法，通常在根因分析中常用的工具有因果分析法（鱼骨图）和5Why法。限于篇幅，这里不再赘述。

阶段三：解决问题

（1）确定解决思路

确定解决问题的思路，首先要明确流程的目标。比如，某电信设备企业的交付流程的目标是一个月内交付产品。然后，沿着这个目标向前梳理，要达成这个目标，需要运行什么样的流程，流程需要什么资源、工具和方法。最后，在目标和流程及流程相关资源的基础上，排除导致问题的干扰因素。比如，上述案例中，某电信企业产品交付流程延迟的根本原因是产品研发设计存在缺陷，缺陷遗留到生产环节，导致生产效率急剧下降，从而影响产品交付周期。产品设计缺陷就是干扰因素，只有消除这个干扰因素，才能解决问题。

（2）制定长期对策

制定长期对策就是避免类似的问题再次发生，从流程运作体系的根本上消除干扰因素。比如，在上述案例中，某电信企业产品交付流程延迟的根本原因是产品研发设计存在缺陷，针对G产品来说，只要从研发设计上修复这个缺陷，G产品后续就不会出现此类问题，按理说，这应该算是彻底解决了G产品的问题。但是，这并不是长期对策，只是针对G产品的一个长期对策而已，如果下一款产品又出现了另外一个缺陷，则必然重蹈G产品的覆辙。要从根本上解决这类问题，就要从研发流程上控制研发缺陷的产生。简单来说，就是在研发流程体系上控制保障，杜绝此类问题再发生。

长期对策，通常是改进能力的措施，只有能力提升，才能保证一个新问题最多只发生一次。

（3）问题总结与关闭

解决问题的最后一步是进行问题回溯、总结、复盘和跟踪结果，把解决问题的过程形成知识案例。华为有庞大的案例库，这些案例经过总结提炼，一部分以课程案例的形式，在培训中传授能力；一部分形成知识库供相关人员查阅学习。通过课程和知识库的形式提升团队能力，企业能最大限度地避免未来可能发生的类似问题。

只有经过总结复盘，问题跟踪验证，确认问题最终被彻底解决，问题才能被关闭。

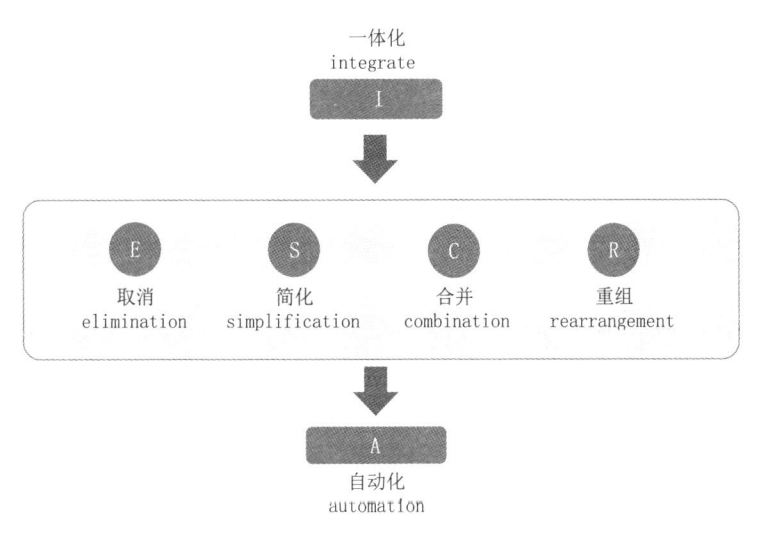

ECRSIA 优化法

ECRSIA 优化法，是流程优化的常用方法，分别为取消（elimination）、简化（simplification）、合并（combination）、重组（rearrangement）、一体化（integrate）和自动化（automation），如图 6-7 所示。

图 6-7　ECRSIA 优化法

取消（elimination）

取消流程不增值的环节或活动，取消不必要的步骤。包括流程的过度控制、重叠环节、等待时间长和反复检验的环节；清除流程中冗余的环节，提升流程的执行效率。

在通常情况下，供应商需要将供应的零部件运送到产品制造商，然后开箱、触摸、检验、重新包装。为确保按时供货，公司往往要存储经过检验合格的零部件，这是商业惯例。但是，当满足一定条件时，这一商业惯例也常被打破，比如下面这个例子。

华为终端新采购一家供应商的手机显示屏，在通常情况下不仅要求供应商对显示屏进行全检、提供检验合格报告，同时华为的供应链团队也要对显示屏进行检验，才能入库作为批量生产物料使用。但在供应商不断提高工艺和产品质量之后，显示屏的不良率降低到 300 ppm（part per million，每百万分之几）以内，结合对供应商的绩效管理，华为认为该供应商的显示屏满足要求，华为终端取消了原本必要的验收检验环节。

简化（simplification）

对于流程中过于复杂的环节，如表格、程序、沟通渠道等应化繁为简，简单高效，不能让流程成为执行者的负担，而应成为执行者的赋能工具。

某集团公司的资产申购流程需要经过 7 个审批节点的审批，即使是资产额度在 5000 元以下的采购申请，也要由资产申购人逐一由分公司领导、集团领导、集团董事长等 7 个领导审批签字。一个流程走下来，多则一个月，少则一两周。后来该企业将 5 万元以下的资产申购流程简化为 3 个审批节点，只需分公司审批即可。大多数的资产采购申请在分公司完成，不仅提高了流程运行的效率，也减少了集团领导的审批工作量。

合并（combination）

合并主要针对流程的重复环节、分拆过细环节或影响效率的多个环节；如果出现两个或两个以上的环节，比合并之后的效率低，那么这些环节就应该合并。

2010 年华为某终端产品的生产流程中采用半自动化的生产方式，其中有三个工位为自动化工位：A 工位、B 工位和 C 工位。经过对生产技术的不断优化和提升，各工位所需时间相对过去有明显的改善。但是改善之后，A 工位花费的时间是 B 工位和 C 工位所花时间的两倍，华为的自动化研发团队经过对三个工位加工内容的分析、调整和优化，最终将 B 工位和 C 工位合并为一个工位。优化后，不仅提高了流程运行效率，而且缩短了生产流程。

当然，是否合并、如何合并，要在保障流程质量的前提下展开，尤其要避免合并导致流程输出质量下降的情况发生。

重组（rearrangement）

重组是将现有流程各环节或活动之间的关系进行重新组合调整，以达到提升流程绩效的优化方法。如串行改并行、并行改串行、串并重组等。

某硬件设备产品供应企业在产品研发流程中，原来先完成结构模具设计，待模具样品出来之后，再做硬件 PCB 的设计，目的是保证 PCB 单板的尺寸与结构模具的尺寸一致，避免返工。即研发的顺序为：结构设计—模具设计—模具出样—PCB 设计—装配调试。

该企业在研发设计中形成标准化后，研发设计的流程调整为：设计结构尺寸—结构设计与 PCB 设计并行—模具出样—装配调试。将原有的串行设计方式改变为串并结合的方法，缩短了产品设计的时间，提高了流程的输出效率。

流程活动或流程环节重组的目的是获得更好的绩效。所以，无论是采用何种方式重组，并非仅追求路径最短，而是要基于流程对应的资源进行调整，在有限资源下的最优组合才是企业流程优化获得的最短路径。

一体化（integrate）

流程优化无论从哪个局部开展，都不能脱离流程的整体架构，这是基于一体化的流程优化思想，所有流程优化都围绕企业经营战略目标的流程框架展开。唯有这样，才能保障流程系统化的运作，才能保障业务流程资源的整合和优化配置，才能促进企业经营业务的灵活高效。这也是华为坚持"顶端固定，末端灵活"的流程建设、优化原则的核心所在。比如，华为每年持续优化IPD流程，但无论如何优化，IPD一体化的顶端流程架构始终保持不变，末端的流程变得更加灵活和敏捷。

一体化是流程的全局视角，是企业业务流程从客户到客户、端到端的运作的基本保障。这好比中医治疗的整体思想，中医学认为，人体是一个自然统一的有机整体，构成人体的各个组成部分之间在结构上不可分割，在功能上相互协调、互为补充，在病理上则相互影响。不论是伤风感冒，还是头痛发热，都要从五脏六腑的整体相互关系来辨证论治。

如果流程优化没有从整体架构上来权衡，必然导致"头痛医头，脚痛医脚，按下葫芦起了瓢"的结果，优化就极有可能变成"恶化"。

自动化（automation）

所谓流程自动化，是将流程固化到IT信息化系统中，通过信息化系统的自动化来驱动流程的运转。比如，通过时间或事件自动触发流程运行、流程通过信息化系统自动流转、流程数据、资料自动存储、数据统计等报表自动统计等等。自动化带来了诸多好处，比如：信息化提高了流程运行效率；信息化沉淀流程数据和知识资产；信息化有利于流程监督与管理；等等。

借助IT信息化系统，如CRM、PDM、ERP、OA系统等对流程进行固化，是确保流程高效率运行，保障流程信息、流程数据、流程资产的准确传递和存储必不可少的优化环节。要想流程实现自动化，流程优化的过程就需要IT团队加入流程优化项目，让IT团队提前介入，参与流程优化，使得优化后的流程具备固化的可行性。比如，华为在组织上保障了流程和 IT 的同步，流程和 IT 均属于同一个部门——流程与 IT 部。华为认为，流程变革之后，IT 要紧跟其后，其目的就是要建设流程的高速公路。

流程推广实施

流程推广实施，是流程优化的临门一脚，这一脚踢不踢得出去，就看如何推行。流程推行是流程优化必不可少的关键一环，具体内容可参照第四章流程推行。

综上，流程优化是流程持续改进的关键环节，一方面要自上而下地梳理和优化流程，另一方面要自下而上地优化和完善流程。上下结合优化流程，才能对准战略、对准客户、紧贴业务、赋能业务，发挥流程的价值，创造最大效能。定期优化流程才能使流程持续贴近业务、赋能业务、发挥流程价值。

持续优化，增加土地肥力

在华为总裁任正非先生看来：变革的目的是多产"粮食"和增加土地肥力。如果流程只建设不优化，就会出现"土地板结"，不仅不能多产"粮食"，"粮食"产量还会降低。持续优化流程就是要避免流程出现"板结现象"，增加流程多打"粮食"的能力。华为自 1998 年以来，持续开展 IPD、ISC、IFS、CRM、LTC、ISD、ITR 等流程变革与优化。直至 2016 年，华为在流程体系建设的基础上全面开展企业数字化转型，这也意味着华为持续的流程体系建设与优化趋于成熟，达到了满足数字化建设的条件。

一部分企业认为，企业只要全面地梳理和优化过一次流程就没有必要再重复优化，每年优化流程，无异于浪费企业资源。其实这种看法是很不成熟的。

持续流程变革，让流程贴近业务

我常跟企业家和企业高管们交流，接触之余，常听到这样的看法："我们的流程还不错，5年前做过一次全面的梳理，现在有些问题，但问题不大。"更让我感到惊讶的是，某千亿企业的管理者跟我反馈："我们在20年前邀请了世界顶尖的咨询公司做了全面的梳理和优化，我们的流程基础很不错。"但是，流程诊断下来，企业家和高管们对自身企业流程建设上存在巨大的差距惊叹不已，下定决心优化流程。

企业流程如果保持几年、十年，甚至二十年不变化，原有业务流程的赋能能力必将丧失殆尽，不仅如此，流程还会成为业务发展的阻碍。对于这样的企业，持续优化流程，势在必行，只有持续优化，才能保持流程的活力，流程才能贴近业务，跟上业务的步伐。我认为流程充满活力至少要具备三个特征。

1. 流程敏捷反映业务现状；
2. 流程保持与组织的匹配；
3. 流程持续赋能业务。

先僵化，后优化，再固化

"先僵化，后优化，再固化"是华为管理改进的三部曲，实际上也是流程优化的指导思想。如图6-8所示。

先僵化，就是坚定学习的方向，明确目标，容忍不完美，坚持向标杆企业学习，把标杆企业的先进管理思想和方法移植到企业自身上来。比如，华为学习美国 Hay 公司的薪酬和绩效管理，僵化地引入 Hay 公司的薪酬和绩效管理系统；僵化地引入 IBM 的 IPD 系统、ISC、IFS 等。但僵化学习的过程必须是全面、充分、透彻地理解标杆企业的管理思想精髓和方法，不是简单、片面、机械式地照搬。好比要成为武林高手，要向顶尖的高手拜师，要充分领略师傅传授的武功精髓和方法，勤学苦练，才能把顶尖高手的功夫学过来。显然，学会师傅传授的武功，自身的武功就上了一个台阶，就可以在更大的空间行走江湖。

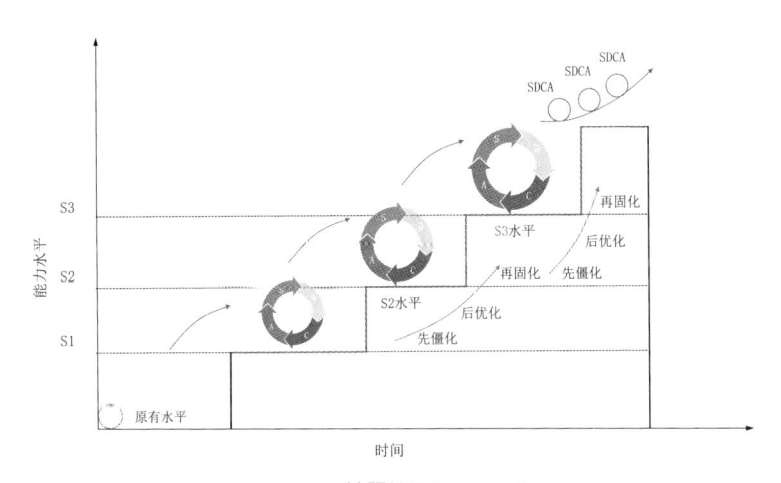

图 6-8　流程持续优化的方法

后优化，是在充分学习标杆企业的流程管理思想和方法以后，融会贯通，结合企业自身，因地制宜，适时适度地优化流程。优化就是改进，优化就是创新。改进和创新并非一次性的，而是持续性的活动。好比武侠行走江湖之时，遇到很多不同的场景、不同问题和困难，为了解决这些问题和困难，创新性地优化和改进自己的武术招式，使得武功得到进一步提升。

再固化，是把优化后的管理改进形成标准和规范。固化意味着企业的流程上升了一个台阶。比如，形成标准化流程、模板、制度，将流程固化到信息化系统。当企业把优化后的流程固化，也等效于新的僵化（因为，固化不是不可更改），下一阶段的优化又从这里开始。于是，企业按照"先僵化，后优化，再固化"的顺序不断循环，实现企业流程的螺旋式上升。

"小改进、大奖励"坚持不懈的改良

早在1998年，华为公司提出，要贯彻"小改进、大奖励"，大建议、只鼓励的制度。追求管理不断的优化与改良，构筑与推动全面最佳化的、有引导的、自发的群众运动。"小改进、大奖励"是华为长期坚持不懈的改良方针。要在小改进中提升核心竞争力，要在小改进的基础上，不断归纳综合分析。研究改进与公司总体目标流程的符合度，与周边流程的和谐度，要先简化，再固化。

2013年，华为总裁任正非先生提出华为要"用乌龟精神，追上龙飞船"的管理思想。"乌龟精神"的内涵就是要心无旁骛，保持战略定力和战略聚焦，不要这山望着那山高，而要坚持不懈地努力奋斗，日拱一卒。

"小改进、大奖励"和"乌龟精神"其实不难理解，华为的流程管理体系是经过不断总结沉淀的经验总结，并非一日之功。在流程优化的过程中，要追求"先僵化，后优化，再固化"，而优化流程的人，要追求"小改进、大奖励"，追求"乌龟精神"。只有将两者有机结合，才能日积跬步以至千里。

在《任正非传》里有这样一则小故事：有一个从北京财经大学毕业的

才子，刚进华为时踌躇满志，就公司的经营战略洋洋洒洒写了一封"万言书"给任正非，他以为任正非那么爱才，看了这封"万言书"一定感动得泪流满面。但是任正非看完以后火冒三丈，提笔就批复了一句话："此人如果有精神病，建议送医院治疗，如果没病，建议辞退。"

显然，一个公司的发展是一步一步走过来的，没有企业原有的积累和沉淀，企业不可能发展到今天。小改进是建立在原有基础的改善，大改进则是抛弃原有基础的"不切实际"。

很多人期望通过大幅度的流程变革，一口吃成个大胖子。然而，欲速则不达，《道德经》有言："少即多，小即大。"在流程优化上，企业要避免动作过大，尤其是已经形成流程体系的企业。相比之下，对于大多数企业而言，润物细无声的流程优化，更容易达成目标，更能持续增加土地肥力，达到多产"粮食"的效果。

参考文献

[1] 波特.国家竞争战略[M].北京：中信出版社，2012.

[2] [美]迈克尔·哈默，丽莎·赫什曼.端到端流程：为客户创造真正的价值[M]方也可，译.机械工业出版社，2019.

[3] [美]亚当·斯密.国富论[M].富强，译.北京：北京联合出版公司，2014.

[4] [美]迈克尔·哈默，詹姆斯·钱皮.企业再造[M].方也可，译.机械工业出版社，2019.

[5] [美]彼得·德鲁克.管理的实践[M].齐若兰，译.机械工业出版社，2018.

[6] [美]彼得·德鲁克.管理：使命、责任、实践[M].陈驯，译.北京：机械工业出版社，2019.

[7] 任正非.采访实录（1—8册）.深圳：华为技术有限公司，2020.

[8] 黄卫伟.以客户为中心：华为公司业务管理纲要[M].北京：中信出版社，2016.

[9] 夏忠毅.从偶然到必然：华为研发投资与管理实践[M].北京：清华大学出版社，2019

[10] 吴春波.华为没有秘密3[M].北京：中信出版社，2020.

[11] 田涛.华为访谈录[M].北京：中信出版社，2021.

[12] 范厚华.华为铁三角工作法[M].北京：中信出版社，2021.

[13] 邓斌. 华为学习之法：赋能华为的 8 个关键思维 [M]. 北京：人民邮电出版社，2021.

[14] 冉涛. 华为灰度法 [M]. 北京：中信出版社，2019.

[15] 胡赛雄. 华为增长法 [M]. 北京：中信出版社，2020.

[16] 于立坤. 大头侃人：任正非 [M]. 北京：北京联合出版公司，2020.

后记

无为而治

华为是一家伟大的公司,其伟大之处,不仅在于华为在信息与通用技术行业做出的突出成绩,还在于其管理思想和智慧影响了众多企业及企业管理者。作为一名华为老兵,我对华为心存感激,首先感谢任正非先生,如果没有华为提供的平台和机会,我也没有机会近距离研究和学习华为。任正非先生高瞻远瞩的管理思想和管理智慧,是我终身学习的目标。

在写这本书时,我已从业 20 年,持续研究华为管理也超过 16 年,且在流程管理这条路上,亦是一名"流程专家",素材可谓信手拈来。但是,由于本书的专业性,为了能向读者提供看得懂、用得上、能落地的流程管理之法，本书仍然花费较多时间和精力进行素材编撰整理、逻辑修改、图形绘制和表格制作等工作。虽然耗时6个月，但终编撰成稿，倍感欣慰。

写完本书时，再次让我坚信流程是促进企业走向"无为而治"的基础，是企业数字化转型的基石。那么，如何理解流程的"无为而治"？

《道德经》第三章有云："是以圣人之治，虚其心，实其腹；弱其志，强其骨。常使人无知无欲。使夫知者不敢为。为无为，则无不治。"

这句话用在管理上可以翻译为："企业的治理，要最大化保障员工的收益，简化员工的心思，不需要员工耗费更多的心力，不需要英雄，要让英雄无用武之地。无为，就没有不治的麻烦。因为英雄往往与苦难相连，'没有英雄的民族是幸福的'，一个拥有众多英雄的民族，必定是屡遭欺凌的民族，企业治理如是。"

华为总裁任正非先生认为：把企业经营的业务加入流程，就像江河水一样不断地自我流动，不断优化，再不断地流，再不断地优化，循环不止，不断升华。慢慢地淡化了企业家对它的直接控制，即使面临企业家的更替，也不影响公司的命运，公司就实现了"无为而治"。长江就是最好的"无为而治"，不管你管不管它，它都不废江河万古流。

华为已经建立了一套完善的运作管理体系。这套管理体系，能不断总结和沉淀业务作战经验，并将其固化到流程体系内。流程承载了业务能力，不再以领导意志为核心，不依赖个人英雄主义，一切自然发生，这就是流程运作体系的核心竞争力。

实际上，流程是企业业务经营下的自然产物，本质是企业经营的业务。**流程即业务，业务即流程。**企业循业务的规律，找到业务流动的最佳匹配路径，建立对应的流程管道，用流程管道牵引企业资源，业务则在流程管道中自动运行。

　　企业流程管道自动运转——无为，而无不为；为无为，则无不治。

2023 年 9 月 2 日